本书为江苏省高校哲学社会科学研究重大项目（2019SJZDA061）的
阶段性研究成果

RESEARCH ON RISK MANAGEMENT OF
OUTWARD FOREIGN DIRECT INVESTMENT IN
CHINESE PRIVATE ENTERPRISES

中国民营企业对外
直接投资风险管理研究

李夏玲　李向东　著

ZHEJIANG UNIVERSITY PRESS
浙江大学出版社
·杭州·

图书在版编目（CIP）数据

中国民营企业对外直接投资风险管理研究 / 李夏玲，
李向东著. -- 杭州：浙江大学出版社，2024.11.
ISBN 978-7-308-25649-0

Ⅰ.F279.245

中国国家版本馆 CIP 数据核字第 20241CC240 号

中国民营企业对外直接投资风险管理研究
ZHONGGUO MINYING QIYE DUIWAI ZHIJIE TOUZI FENGXIAN GUANLI YANJIU

李夏玲　李向东　著

策划编辑	吴伟伟
责任编辑	陈逸行
文字编辑	韩盼颖
责任校对	梅　雪
封面设计	周　灵
出版发行	浙江大学出版社
	（杭州市天目山路 148 号　邮政编码 310007）
	（网址：http://www.zjupress.com）
排　　版	浙江大千时代文化传媒有限公司
印　　刷	浙江新华数码印务有限公司
开　　本	710mm×1000mm　1/16
印　　张	12
字　　数	179 千
版 印 次	2024 年 11 月第 1 版　2024 年 11 月第 1 次印刷
书　　号	ISBN 978-7-308-25649-0
定　　价	68.00 元

目　录

第一章 绪 论

新形势下中国民营企业对外直接投资面临国家风险加剧、投资动能持续减弱、金融风险不断累积的新难题,中国民营企业在开展对外直接投资的过程中需要进一步强化风险管理意识,因此有必要对中国民营企业对外直接投资风险管理展开深入的研究,包括国际投资政策环境的新变化、中国对外直接投资的政策演变、中国民营企业对外直接投资的发展状况、中国民营企业对外直接投资面临的主要风险,以及国家风险、经营风险和金融风险对中国民营企业对外直接投资的影响等。本章首先分析了研究背景与研究意义,其次梳理了研究思路、研究内容与研究方法,最后阐释了民营企业、对外直接投资、对外直接投资风险管理等概念。

第一节 研究背景与研究意义

一、研究背景

改革开放以来,中国民营企业实现了从小到大的发展,已迈上从大到强之路,逐渐从国内市场走向国际市场。目前,中国民营企业不仅具有"五六七八九"的特征(贡献了50%以上的税收,60%以上的国内生产总值,70%以上的技术创新成果,80%以上的城镇劳动就业,90%以上的企业数量),国际化程度也不断提高,涌现出一批世界知名的企业。对外直接投资相关数据显示,自2013年起,民营企业在投资项目数量上超越国有企业,成为中国迈向全球市场并拓展对外直接投资的核心力量。2022

年共计 24801 家民营企业参与对外直接投资活动,占所有对外投资企业总数的 84.67%,对外直接投资额达到 1399.47 亿美元。[①] 总体来看,民营企业不仅积极响应国家战略和区域协调发展战略,而且在对外直接投资领域展现出极高的活力,善于实施多样化的行业布局,投资的弹性和适应能力亦表现出色。

中国民营企业对外直接投资的东道国涉及共建"一带一路"国家,部分国家出现国家风险、民族矛盾加大的局面。共建"一带一路"国家大多为发展中国家,受经济衰退影响,出现货币贬值现象,经济运行风险不断累积。在东道国各类风险不断加剧的情况下,中国民营企业的对外直接投资活动面临巨大的风险和不确定性。鉴于此,本书着重分析新形势下中国民营企业在对外直接投资中面临的风险类型并提出一系列有效策略,旨在帮助民营企业应对及化解对外直接投资的风险,这一课题在当前异常重要。

本书认为,中国民营企业在开展对外直接投资中,面临以下新增风险。

一是国家风险的加剧对投资的安全性构成了严峻的挑战。中国民营企业在全球近 190 个东道国(地区)开展对外直接投资活动,涵盖发展中经济体和转型经济体。部分东道国内部政治动荡,如政府首脑更替、民族矛盾加剧、沿线国家政权更迭等因素使得中国民营企业对外直接投资面临的国家风险不断加剧,投资安全受到严重威胁。这类由国家主权因素产生的国家风险,超越了企业个体的控制范围,变得难以管理,国家风险因此成为民营企业实施高质量对外直接投资的主要威胁因素。

二是世界经济下行压力持续加大,投资动能持续减弱。2022 年以来,受世界主要经济体货币政策冲击、通货膨胀压力持续存在等因素影响,主要经济体的经济增长速度大幅下滑、通货膨胀率屡创新高、就业状况仍待改善、贸易额缩减,多重冲击导致世界经济下行压力逐步加大。经济下行压力的加大降低了投资者的投资意愿,投资动能持续减弱,2022年全球外商直接投资额下降了 12%,中国对外直接投资额下降了 14%。

---

① 数据来源:《2022 年度中国对外直接投资统计公报》。

三是全球金融风险正在累积,债务水平不断攀升,创下新的历史纪录。在各种不可预测因素驱动的世界经济下行过程中,各国政府的财政赤字与债务规模明显扩大。2022年全球债务总额为235万美元,全球债务总额与全球GDP(国内生产总值)之比为238%。① 虽然大部分国家政府偿债风险尚处于可控水平,但有超过一半的低收入发展中国家正经历债务危机或面临高债务风险。债务快速膨胀可能会恶化主权债务状况,迫使项目融资推迟,进而延长投资项目的周期并增加项目搁浅的可能性;同时中国国内企业以及金融机构的稳定运作受到了极大影响,这一情况进一步加剧了民营企业融资面临的挑战。

四是社会风险的加剧以及腐败与公共安全问题对跨国投资构成了严重冲击。受经济下行压力的影响,众多国家的经济发展遭遇重大挫折。在一些社会管理体系薄弱的国家,民众生活面临严峻挑战,由此引发的社会矛盾日益尖锐,风险水平上升,进一步导致治安状况恶化。根据鼎昊国际公共安全研究院的统计数据,2023年上半年,在中国民营企业对外直接投资的东道国中,亚洲、非洲和拉丁美洲的一些国家是发生社会风险的高频率国家。

二、研究意义

中国作为新兴经济体,其日益增长的对外直接投资规模尤其是民营企业对外直接投资规模对中国经济发展起到了促进作用。本书基于中国民营企业对外直接投资迅速增长的现实,对新形势下中国民营企业对外直接投资的风险管理问题进行研究,具有重要的理论意义和实践意义。

(一)理论意义

首先,《2022年度中国对外直接投资统计公报》显示,中国的对外直接投资流量连续11年位列全球前三,是新兴经济体中活跃的国际投资国家,其中民营企业对外直接投资强劲增长。民营企业对外直接投资的发

---

① 数据来源:International Monetary Fund. Global Debt Monitor 2023[R]. Washington:IMF,2023.

展对中国经济发展的影响深远且巨大。当前主流的对外直接投资理论多以发达国家为研究对象,亟须从中国角度分析民营企业对外直接投资特征及其风险管理问题,本书的研究有利于补充和丰富当前对外直接投资理论的内容。其次,目前国内外关于对外直接投资的研究绝大部分采用静态分析方法,尚没有从动态角度来讨论风险管理对中国民营企业对外直接投资影响的关系。最后,以往的研究大都集中于验证投资风险及其对对外直接投资影响的"存在性"问题,对于"存在性"的缘由较少涉及。为此,本书针对现有研究的不足进行了有益尝试,聚焦于中国民营企业这个特殊的投资主体,探讨了各类风险对中国民营企业对外直接投资影响的具体作用机制,同时也对各类风险对中国民营企业对外直接投资的影响及其程度进行了验证。

(二)实践意义

近年来,在"走出去"战略以及各类国际投资政策的指引下,中国民营企业加快了对外直接投资的步伐,投资规模不断扩大。然而,中国民营企业,特别是中小型民营企业,在进行对外直接投资时,面临着一系列挑战。这些挑战包括烦琐的审批流程、外汇管制、并购融资的限制以及对外投资法律环境的不确定性。与国有企业相比,这些因素使得民营企业在对外投资方面遭遇更多问题与困难。而且,由于国际投资信息的不对称,民营企业"走出去"面临更大的风险。为此本书将研究视角定位于中国民营企业,旨在阐明多种风险如何影响中国民营企业对外直接投资,从而进一步强化中国民营企业对外直接投资的风险管理意识。本书阐述了在对外直接投资中,中国民营企业应采取何种有效措施以识别、应对及预防潜在的多元风险。本书的研究结论可以从以下方面对中国民营企业的对外直接投资战略提供帮助和参考:首先,可以增强中国民营企业在进行对外直接投资时的风险管理意识和控制能力;其次,可以提高中国民营企业对外直接投资过程中的经济效益;最后,通过研究对外直接投资风险,可以对各东道国风险进行预测,使中国民营企业提前做好防范措施以便及时应对各类风险。

第二节　研究思路、研究内容与研究方法

一、研究思路

本书遵循"提出问题—分析问题—解决问题"的研究思路(见图 1-1)。在提出问题部分,主要讨论研究背景、相关概念、文献综述等内容。在分析问题部分,首先是讨论中国民营企业对外直接投资所面临的环境,主要围绕国际投资政策环境的新变化、中国对外直接投资的政策演变、中国民营企业对外直接投资的发展状况及面临的主要风险进行讨论,其次是实证研究国家风险、经营风险、金融风险对中国民营企业对外直接投资的影响及其程度。最后,在解决问题部分,将从微观企业层面、宏观国内层面、宏观国际层面分别提出中国民营企业对外直接投资的风险应对策略。

二、研究内容

第一章为绪论。首先,介绍研究背景,即自 2001 年中国正式提出"走出去"战略以来,中国民营企业的对外直接投资活动迅速增长,并呈现出旺盛的发展态势。但是在此过程中,中国民营企业也遭遇了诸多严峻的挑战。民营企业相较于国有企业在同类投资活动中面临的风险更多。因此,无论从理论意义还是实践意义出发,研究中国民营企业对外直接投资的风险管理都显得尤为重要。其次,指出本书的研究思路、研究内容和研究方法,系统地梳理相关概念,以保证本书的研究能够保持一定的前沿性。

第二章是中国民营企业对外直接投资风险管理的理论基础。基于中国民营企业对外直接投资的实践,本章主要介绍并梳理与发展中国家对外直接投资相关的理论文献,分析民营企业对外直接投资风险管理的理论依据,以及综合归纳对外直接投资与风险管理关系的研究成果,本章将

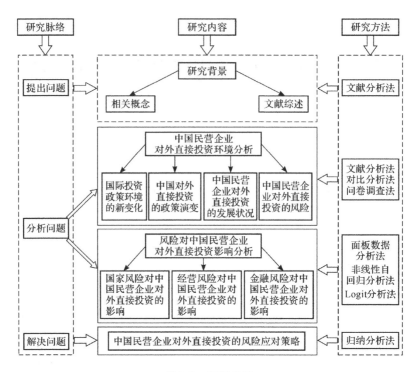

图 1-1 研究思路

为课题研究奠定理论基础。

第三章是国际投资政策环境的新变化。全球的产业链和供应链面临重大挑战。同时,一些地区的军事冲突进一步激化了地缘政治的不稳定性,对全球及区域经济造成了深远的负面影响,这些事件导致各国国别投资政策发生重大变化。本章通过梳理国别投资政策新变化和国际投资协定新变化,为中国民营企业在开展对外直接投资过程中了解、熟悉投资东道国相关政策提供帮助。

第四章是中国对外直接投资的政策演变。改革开放以来,中国对对外直接投资的重视程度不断提升,依据不同时期的国情制定了相应的对外直接投资政策,并对投资主体、投资区域、投资产业和投资环节等具体政策作了重要部署。本章将中国对外直接投资的政策演变划分为四个阶段:严格限制阶段(1978—1999 年)、全面放宽阶段(2000—2016 年)、加强监管阶段(2017—2019 年)和高质量发展阶段(2020 年以来),并对每个阶段的对外直接投资政策进行了阐述和总结。

第五章是中国民营企业对外直接投资的发展状况。民营企业作为中国经济发展的关键组成部分，其对外直接投资成为推动中国经济全球化的积极力量。自 2013 年以来，在对外直接投资项目数量方面，民营企业已超过国有企业，成为开展此类投资的主导者。本章从总体特征、海外并购特征和海外绿地投资特征三个方面全面总结并讨论了中国民营企业对外直接投资的发展状况。

第六章是中国民营企业对外直接投资的风险。本章基于多数学者的研究结果，从国家风险、金融风险、经营风险和社会风险四个方面梳理并分析了民营企业对外直接投资的风险类型和成因。

第七章是国家风险对中国民营企业对外直接投资的影响。本章先提出国家风险对中国民营企业对外直接投资的影响机制，然后运用相关计量模型实证检验国家风险对中国民营企业对外直接投资的影响，在实证检验过程中，分别从总样本、国有企业分样本、民营企业分样本来讨论国家风险对中国民营企业对外直接投资的影响。本章认为，在众多影响中国民营企业进行对外直接投资的因素中，金融风险相较于政治风险和经济风险，扮演着更为重要的角色。

第八章是经营风险对中国民营企业对外直接投资的影响。本章着重从融资风险角度考察中国民营企业对外直接投资的经营风险，先提出融资风险对中国民营企业对外直接投资的影响机制，然后运用 Probit 和 Logit 计量模型分别讨论融资风险对中国国有企业和民营企业对外直接投资的影响。本章认为，与国有企业相比，融资成本是制约中国民营企业开展对外直接投资的一个关键因素。

第九章是金融风险对中国民营企业对外直接投资的影响。本章将金融风险聚焦于汇率风险，一是提出汇率风险对中国民营企业对外直接投资的影响机制，比较了汇率波动对国有企业和民营企业对外直接投资的异质性影响；二是运用非线性自回归模型（NARDL）实证检验了汇率波动对民营企业、国有企业对外直接投资的影响。本章认为，与国有企业相比，民营企业对外直接投资更倾向于考虑汇率波动的风险，汇率波动对中国民营企业对外直接投资的影响存在"J 曲线效应"。

第十章是中国民营企业对外直接投资的风险应对策略。本章从微观企业层面、宏观国内层面、宏观国际层面三个层面详述了中国民营企业对外直接投资应该采取的风险应对策略。

三、研究方法

本书以中国民营企业为研究对象。为了讨论中国民营企业对外直接投资的风险管理问题,本书将采用以下多种研究方法,构建"现状—理论—实证—对策"的逻辑结构。

一是文献分析法。搜集、鉴别、整理有关对外直接投资方面的文献,通过对文献的整理和研究,形成对中国民营企业对外直接投资的基本概念、相关理论、政策演变、发展状况等方面的认识,并从中形成本书的观点。

二是比较分析法。比较分析法是将本质上相似或相关的实体在既定的准则下进行对比和分析,以识别它们之间共性与差异的研究手段。本书将广泛应用此方法,特别是通过国际、区域、行业以及企业类型等多个层面的比较分析,旨在总结中国民营企业进行对外直接投资的根本特征,并探究中国民营企业在对外直接投资时面临较高风险的原因。

三是层次分析法。层次分析法是将要解决的问题分解或多个层次的研究方法,本书将中国民营企业对外直接投资面临的风险类型分为国家风险、经营风险、金融风险和社会风险,从四个层面分别展开探讨,可以较为完整且深入地分析中国民营企业对外直接投资面临的风险类型及其风险管理问题。

四是模型分析法。本书通过建立模型分别从国家风险、经营风险、金融风险等层面讨论各类因素对中国民营企业对外直接投资的影响。通过模型分析,本书旨在为中国民营企业对外直接投资的风险应对策略提供方向性指导。

五是定性分析与定量分析相结合的方法。本书基于中国民营企业对外直接投资的数据收集和分析,对中国民营企业对外直接投资的发展状况进行定性分析。在定性分析的基础上,采用非线性自回归模型、动态面板数据等统计学方法,从定量角度实证检验各类风险对中国民营企业对外直接投资的影响，使定性分析更加科学和准确。

第三节　相关概念

一、民营企业

在中国，对于民营企业的界定还没有一个准确的说法，学术界对此也是含糊其词。中国政府曾在 20 世纪 90 年代初期在文件中首次使用"民营"这一概念，但学术界对于"民营企业"还是众说纷纭。

晓亮(2003)认为：民营并非所有制层面的概念，民营企业相对于国有企业而言具有更广泛的定义，并且不应与私营企业画等号。民营企业涵盖以下七类企业：存在雇佣劳动关系的私营企业、民营科技企业、个体工商户、外资企业、乡镇企业、国有民营企业以及股份合作制企业。杨浩(2001)根据产权视角对中国企业进行了分类，将其划分为国有企业(包括国有控股企业)、民营企业以及外资、合资、合作等三资企业。他认为，民营企业即民有企业，由此提出国有控股企业不应被归入民营企业范畴中。张庆亮(2002)明确提出，民营经济覆盖除国有经济、集体经济之外的各类经济体制。据此，股份合作制经济、外资经济、个体经济和私营经济等都应归类为民营经济的构成要素。

综观以上的观点，对于民营企业的界定还是难以统一，现有研究大体是从广义和狭义两个角度来界定民营企业。狭义的角度认为民营就是民有，这是所有制层面的概念。广义的角度认为民营和国有是根据经营主体来划分的，而不是按照所有制来划分的。

由于中国政府并没有明确界定民营企业这一概念，所有的数据来源和统计均是按照所有制来进行归类和整理。所以本书将民营企业定义为狭义概念，即在中国境内注册的投资者可将其企业归类为以下八种形态：有限责任公司、股份有限公司、股份合作公司、私营企业、集体企业、外资企业、港澳台商投资企业以及国有企业。众多学者认为前五种类型属于民营企业的范畴,本书借鉴并认同该观点,将其作为民营企业的定义。

二、对外直接投资

(一)对外直接投资的概念

本书主要参考国际货币基金组织的定义,认为对外直接投资是投资企业为获得被投资企业的经营管理权而展开的投资行为,同时对外直接投资行为还应当具有如下特点:一是实体性。投资企业通常通过新设立或兼并收购的手段获得海外企业的有效控制权,而非通过资本市场买卖股票等证券来实现。二是长期经营性。设立海外投资企业的宗旨在于实现长期且稳定的经营收益,这就要求投资者参与或主导海外投资企业的日常管理决策。三是资本输出性。对外直接投资涉及资本的流出,包括有形的物质资本和无形的技术、管理知识等。

(二)对外直接投资的方式

参考联合国贸易和发展会议(UNCTAD)的定义,对外直接投资主要通过两种途径实现:一是绿地投资(greenfield investment);二是褐地投资(brownfield investment)。

绿地投资又称新建投资,是指跨国公司通过在东道国取得土地使用权重新建造厂房设备等生产资料,然后再进行生产和销售的方式,这是最为传统的对外直接投资方式。其突出优点是能有效提升东道国的生产能力并促进就业,缺点是对投资者来说耗时较长,资金回笼较慢。

褐地投资又称并购投资(merger and acquisition),是指跨国公司兼并或者收购东道国可以正常生产或者提供服务的企业,并对其享有控制权。跨国并购包括三种:第一种是横向跨国并购(horizontal cross-border merger),即两个或两个以上国家生产或销售相同或相似产品的企业之间的合并或收购。在横向跨国并购活动中,双方企业由于共享相似的行业背景和专业知识,整合过程往往较为顺畅。第二种是纵向跨国并购(vertical cross-border merger),涉及多个国家的公司,在生产同种或类似产品的不同阶段进行整合,采取此种模式的企业通常为原材料供应商或终端产品采购方。这些企业对各自的生产状况有着深入了解,并购后的整合工作可以更加高效。第三种是混合跨国并购(conglomerate cross-border merger),涉及不同行业、不同国家的企业之间的并购,其主要目标是推动企业全球化发展战略以及实现业务多元化。[①] 跨国并购投资方式的特点是入驻时间快,可以更好地抓住商机。因此在金融危机后,这种跨国投资方式受到越来越多企业的欢迎,在全球掀起了新的并购浪潮。

三、对外直接投资风险管理

(一)风险的概念

目前,经济学界对风险概念的理解尚未达成一致意见。一种观点强调风险的负面特性,将风险定义为投资的实际回报低于预期回报的概率。另一种观点较为中性,认为风险表现为投资回报不符合预期的变动或波动,既可带来高于预期的收益,又能产生低于预期的损失。这类观点最早由美国著名学者威雷特于 1901 年提出,他第一次将风险定义为客观存在的不确定性损失。1921 年,美国经济学家奈特从统计的角度强调风险的特征是不确定性。1964 年,威廉姆斯从主观因素进一步完善了风险概念的内涵。20 世纪 80 年代,日本学者武井勋提出了新的见解,他认为风险是导致经济损失的客观现实,同时强调了风险的相对性和变动性。国内学者赵曙明(2005)指出,在特定条件下,导致损失的因素是风险,它具有可识别性和不确定性。

综合众多学者的观点,本书认为:风险是指在特定条件和特定时间段内,发生某种损失的概率。换言之,风险是在特定时期内,实际结果与人们所期望目标之间出现距离和偏差的可能性,它是一种潜在的威胁。

(二)对外直接投资风险管理的概念

对外直接投资风险是指对外直接投资者在开展跨国投资活动中,受多种因素影响,遭受利益损失的可能性。对外直接投资风险主要分为国

　United Nations Conference on Trade and Development. World investment report 2000[R]. Geneva:UNCTAD,2000.

家风险、经营风险、金融风险和社会风险。

　　对外直接投资风险管理旨在通过对国际投资风险发生规律的深入研究，并应用风险识别、风险评估、风险控制以及风险转移等策略，有效控制投资风险并适当处理可能出现的损失。风险识别是指对各种风险进行辨别，找出大大小小的风险，对可能引起风险的因素进行逐一分析和掌握。风险评估是指对各种风险进行分析和评估，对可能出现的风险进行预测，并通过不同的方法对风险进行定量或定性评估。风险控制是指通过各种方式降低风险发生的可能性和损失幅度，在风险发生之前及时采取一些措施，把风险控制在最低程度。风险转移是指通过各种方式把风险转移给他人，分摊风险的损失。对外直接投资是一项充满风险和挑战的活动，优化对外直接投资结构，掌握对外直接投资风险管理策略，是促进我国由投资大国向投资强国转型的核心内容。

第二章 中国民营企业对外直接投资风险管理的理论基础

本章主要介绍中国民营企业对外直接投资风险管理的相关理论和文献，这些研究文献主要涵盖三大领域：一是中国民营企业对外直接投资的理论依据，主要是发展中国家的对外直接投资理论；二是分析对外直接投资风险管理的理论依据，并重点探讨相关的风险问题；三是风险影响中国民营企业对外直接投资的研究成果，即对外直接投资与风险管理关系的文献述评。

第一节 中国民营企业对外直接投资

本书认为中国民营企业对外直接投资适用的理论主要是发展中国家的对外直接投资理论，为此本书介绍最具代表性的相关理论及其最新进展。国际上比较有代表性的主要是威尔斯的小规模技术理论、拉奥的技术地方化理论以及坎特韦尔与托伦蒂诺的技术创新和产业升级理论等；国内比较有代表性的有非内部化理论、优势互补理论等。

一、早期发展中国家的对外直接投资理论

（一）小规模技术理论（the theory of small-scale technology）

1. 小规模技术理论的产生背景

根据传统理论，企业要进行国际投资，必须具备垄断技术优势或者规

模经济；然而，这并不适用于发展中国家，因为它们显然不具备上述竞争优势。1977年，哈佛大学知名教授威尔斯（Wells）及其研究团队建立了一个专注于发展中国家跨国企业的数据库。通过这一数据库，威尔斯深入剖析了发展中国家的企业如何借助小规模生产技术以获得其在市场中的竞争力。在1983年出版的著作《第三世界的跨国企业》中，他系统性地阐述了该理论，并因其在研究发展中国家跨国经营中的创新性贡献而备受学术界推崇。

2.小规模技术理论的主要内容

（1）发展中国家企业拥有小规模生产技术优势

威尔斯认为，发展中国家企业拥有小规模生产技术优势，这种生产技术优势成为其开展对外直接投资活动的比较优势。这种生产技术优势主要体现在三个关键方面。

第一，发展中国家企业具备小规模生产技术优势，该优势能够适应具有小型市场需求的发展中国家。鉴于发展中国家市场规模的限制，发达国家企业虽然拥有大批量生产技术，但不能充分利用这一小规模市场需求来获取规模经济效益。相对而言，许多发展中经济体的企业掌握了满足小规模市场需求的生产技术，使其在低收入市场中能够获得竞争优势。这类小规模生产技术通常为劳动密集型的实用性技术，使企业拥有强灵活性和适应性的小批量生产能力。这些企业起初往往从工业化国家引进技术，随后通过改良以更好地适应当地市场特性。

第二，当地采购和民族产品策略，是发展中国家企业获得竞争优势的重要原因。这些企业在从工业化国家引进技术后，利用当地原材料和部件替换特定要素，借此实现成本效益的优化。另外，对同民族地区进行投资是发展中国家对外直接投资的重要形式，即发展中国家生产会更多地利用母国资源，其产品生产具有"民族产品"特征。根据威尔斯的研究，在东南亚国家或地区如泰国、新加坡、马来西亚等，"民族纽带型"对外直接投资占有显著份额。

第三，低成本和低价格策略。发展中国家企业通常采用低价格策略，以物美价廉为特色，这是发达国家企业无法比拟的。在制定产品营销战略方面，发达国家企业往往愿意投入巨额广告，旨在建立强劲的品牌形象并培育出显著的品牌效应。相比之下,发展中国家的企业则倾向于减少广告开支,更偏好采用低成本营销策略。

(2)发展中国家企业对外直接投资的动机

威尔斯指出,对制造业而言,发展中国家企业进行对外直接投资的一个主要驱动力在于保障出口市场。他对亚洲与南美若干国家的公司进行实地考察后发现,面对贸易障碍,维持现行市场的长效策略并非出口,而是资本输出。其他的投资动机还涉及寻求最优效益、多元化配置资产以及规避母国市场限制等因素。

3. 小规模技术理论简评

在西方学术领域,小规模技术理论被誉为具有典范性的理论框架,它对研究发展中国家跨国企业的运营至关重要。该理论抛弃了一个传统假设,即一家跨国企业必须依赖其技术垄断优势才能打入国际市场。相反,小规模技术理论突出了发展中国家对外直接投资的竞争力与其特有市场属性的紧密结合;通过提供理论支持,该理论为经济落后国家的对外直接投资发展提供了分析框架。它主张应该将现有的技术能力与国情特色相结合,以构建独特的竞争力,并在全球市场竞争中获得一席之地。在当今多样化、分级的国际市场环境下,即使发展中国家企业的技术未必达到领先水平且生产规模有限,这些企业依然能借助经济激励参与并影响国际市场竞争。

然而,从本质上讲,威尔斯的小规模技术理论属于技术被动论的一种形式。该理论继承了弗农的产品生命周期理论,主张发展中国家主要依靠"降级技术"以生产发达国家中已经饱和的产品;所谓的"降级技术",仅仅是简单复制及模仿了发达国家技术。因而,在全球生产体系中,发展中国家可能会因此被边缘化,仅能参与产品生命周期的末期阶段。然而,对于一些发展中国家高科技企业对外直接投资增长的现实,尤其是以中国为代表的发展中国家对发达国家持续增长的对外直接投资的趋势,该理论难以提供充分的解释。

（二）技术地方化理论（the theory of localized technological change）

1. 技术地方化理论的产生背景

1983年，英国经济学家拉奥（Lall）提出了技术地方化理论，以此来阐释发展中国家企业在对外直接投资领域的行为模式。与拉奥的观点相比，传统的小规模技术理论可被视为技术引入的消极形式，二者有所差异。拉奥认为，这些国家的技术发展并非简单地模仿或复制发达国家的技术，而是通过对引入技术的吸收、优化以及创新来实现本土化，从而提升了自身企业在国际舞台上的竞争力和投资能力。

2. 技术地方化理论的主要内容

拉奥指出，发展中国家跨国企业尽管在技术特点上表现为规模较小、依靠标准技术和劳动密集型，其技术形态的构建却包含了企业内部创新的过程。他强调，这些企业能够将生产流程与当地的经济状况及需求特点相结合，从而塑造出其独特的竞争力。换言之，通过对引进技术和产品的本土化改造，这些企业成功地实现了产品与当地市场的高度匹配。这样的创新举措自然演变为一种竞争优势。此外，小规模生产环境下孕育的技术创新，往往附带更高的经济效益。在产品特性方面，发展中国家企业推出的产品与发达国家的产品有别。只要目标市场规模足够大，且消费者需求呈多样化，这类产品同样能获得一定的市场竞争力。

拉奥提出的见解显示，发展中国家的跨国企业通过结合特性，在生产环节同样能够形成并维持"垄断性竞争优势"，此类垄断性竞争优势主要体现在技术知识的本土化上。这意味着，发展中国家的跨国企业能够对原由发达国家创造并转化为成熟技术的模式进行改良，使之更为贴切地满足本国及东道国异质化的需求以及适应当地市场及生产要素的特定状况。正是对技术知识进行本土化的过程中所必然伴随的内部创新活动，赋予了这些企业无可匹敌的竞争力。

3. 技术地方化理论简评

拉奥的技术地方化理论对发展中国家跨国企业的对外直接投资活动发挥了显著的指导作用。该理论不仅探讨了构成发展中国家企业竞争优势的关键要素,而且强调,企业唯有通过特有的创新行为,才能形成并巩固其竞争优势。这种创新活动涉及对成熟技术的吸收与融合,直接受到当地生产供给、需求条件以及企业特定的学习机制的影响。也就是说,企业应当对引进技术进行再创造,而非被动地接收"降级技术";它们应积极地根据本地的生产和需求状况,改良、整合并内化引入的技术,进而打造自身独有的竞争优势。尽管拉奥对企业技术创新活动的阐述尚显粗略,但他的分析已足够支持这样一个论点:发展中国家的企业能通过比较优势参与国际生产和经营活动。

(三)技术创新和产业升级理论

1.技术创新和产业升级理论的产生背景

自20世纪80年代中期起,发展中国家的对外直接投资呈加速增长态势,不仅投资规模显著扩大,还逐渐形成了一股新兴工业国家(地区)积极向发达国家进行对外直接投资的新趋势。发展中国家跨国公司为何能成为当地企业有力的竞争对手? 1990年,英国学者坎特韦尔(Cantwell)与托伦蒂诺(Tolentino)合作,提出了针对发展中国家技术创新与产业升级的理论框架;此外,他们还对这些国家在对外直接投资领域面临的结构性问题进行了详尽分析。该理论阐明了发展中国家对外直接投资的特点,在经济学界获得了广泛认可和极高评价。

2.技术创新和产业升级理论的主要内容

首先,坎特韦尔和托伦蒂诺提出了两个核心观点:一是发展中国家产业结构的升级反映了企业技术能力的稳步提高,而技术能力的提高是长期累积效应的直接体现。二是发展中国家企业技术能力的提高与对外直接投资的增长之间存在显著的相关性。具体而言,企业国际投资的策略、模式以及扩张的速度取决于企业的技术水平。对于一个国家的产业发展以及企业成长,技术革新扮演着至关重要的推动作用。尽管相较于发达国家对研究与开发的高投入,发展中国家的企业在研发实力上可能略显不足,但它们仍能够利用独特的学习经验与组织管理能力,掌握和改进已有技术,并实现技术革新。

其次,坎特韦尔和托伦蒂诺分析了发展中国家跨国公司对外直接投资独特的产业与地理特征。这些特征随着时间的演进不断发展并表现出规律性,因此,它们具有一定的可预测性。产业特征体现在两个主要方面:一是跨国公司以自然资源的开发为核心,实行纵向一体化的生产模式,且投资主要聚焦于传统行业。二是跨国公司采取进口替代和出口导向相结合的策略,实行横向一体化的生产模式,并逐渐将投资转向高新技术领域。在地理特征方面,由于"心理距离"所产生的影响,跨国公司初期会优先发挥种族关系优势,在邻近国家展开对外直接投资。随后,投资活动会逐步扩大至其他发展中国家,并最终递进至发达国家区域。

3. 技术创新和产业升级理论简评

坎特韦尔和托伦蒂诺的技术创新和产业升级理论不仅解释了发展中国家尤其是新兴工业化国家向发达国家开展对外直接投资的新趋势,而且指出发展中国家通过对外直接投资显著促进了技术创新与积累,这一过程对于技术进步、产业升级乃至长期经济增长具有根本性影响,强调发展中国家在对外直接投资策略中深化技术创新的角色,是至关重要的。因此该理论对发展中国家具有现实指导意义,能够指导发展中国家的对外直接投资活动。新兴工业化国家(如新加坡、韩国等国家)企业在对外直接投资上符合上述产业选择及地理分布的基本模式,并且在对发达国家的对外直接投资中也表现出显著的竞争力。

(四)投资发展周期理论

20世纪70年代,邓宁(Dunning)积极研究国际生产折衷理论,以探索跨国投资理论框架的普遍适应性。然而,基于西方私人对外直接投资行为而提出的国际生产折衷理论,难以解释发展中国家的对外直接投资行为。1981年,邓宁对国际生产折衷理论进行了深入发展,引入动态化视角,提出了投资发展周期理论。事实上,从宏观国家层面来看,投资发展周期理论可以视为国际生产折衷理论在实践中的应用及其拓展。

1. 投资发展周期理论的主要内容

投资发展周期理论的核心观点是"发展中国家的经济发展阶段,结合其所有权优势、内部化优势和区位优势,共同影响着该国对外直接投资的倾向"。在该理论中,邓宁以人均国民生产总值作为划分依据,将经济发展阶段划分为四个不同阶段。在每一阶段,由于其经济发展水平的不同,本国与外国的所有权优势(ownership advantages)、区位优势(location advantages)、内部化优势(internalization advantages)都存在差异,导致其 FDI 流入量和流出量都相应不同,三种优势(OLI 优势)的动态组合决定了其对外直接投资地位(邓宁的投资发展阶段划分见表 2-1)。

表 2-1　邓宁的投资发展阶段划分

经济所处阶段	FDI 流入时 OLI 优势	FDI 流出时 OLI 优势	FDI 流入量	FDI 流出量
第一阶段:人均 GDP 400 美元以下①	外国所有权优势显著 外国内部化优势显著 本国区位劣势	本国所有权优势不显著 本国内部化优势不显著 外国区位优势不显著	低	低
第二阶段:人均 GDP 400—2000 美元	外国所有权优势显著 外国内部化优势可能下降 本国区位优势上升	本国所有权优势较少 本国内部化劣势 外国区位优势开始出现	增加	低
第三阶段:人均 GDP 2000—4000 美元	外国所有权优势下降 外国内部化优势可能上升 本国区位优势下降	本国所有权优势上升 本国内部化优势仍受限制 外国区位优势上升	增加	增加
第四阶段:人均 GDP 4000 美元以上	外国所有权优势下降 外国内部化优势可能下降 本国区位优势下降	本国所有权优势上升 本国内部化优势上升 外国区位优势显著	减少	增加

根据表 2-1 所提供的信息,可以将以上描述分为四个阶段:第一阶段,由于缺乏所有权优势、内部化优势和区位优势,本国企业面临外资流入稀少的局面,且未开展对外直接投资。第二阶段,随着国内市场的扩大和制度环境的改善,外资流入明显增加;然而,受限于国内企业尚缺乏所有权优势和内部化优势,企业对外直接投资规模依旧有限。第三阶段,国内企业在所有权优势和内部化优势上实现显著提升,导致对外直接投资大幅增长;尽管如此,净对外直接投资额仍为负值。第四阶段,国内企业不仅拥有所有权优势、内部化优势,还获得了利用外国区位优势的能力,

① 按照邓宁的分类,人均 GDP 400 美元以下的属于最贫穷的国家;人均 GDP 处于 400—2000 美元的属于发展中国家;人均 GDP 处于 2000—4000 美元的为新兴工业化国家;人均 GDP 4000 美元以上的属于发达国家。

导致对外直接投资超过了对内的外资流入,实现了正向的净对外直接投资额。

当然,邓宁也指出,不能仅仅用经济指标衡量一国的 FDI 流入和 FDI 流出,因为 FDI 的流入和流出不仅依赖于政治经济制度、法律制度、市场运作机制,也受到教育水平、科研能力以及政府经济政策等多方面因素的影响。邓宁等学者还从国家、产业和企业三个层面系统论述了一国的所有权优势、内部化优势和区位优势。①

2.投资发展周期理论简评

邓宁的投资发展周期理论巧妙地将国家经济发展阶段与企业竞争优势的概念相融合,分类讨论了一国企业竞争优势的动态变化如何决定该国的国际投资地位。当前全球范围内,无论是发达国家还是发展中国家,它们在国际投资地位的变动,都基本呈现一定规律。同时,投资发展周期理论,作为国际生产折衷理论在国家层面的应用及扩展,在企业所有权优势、内部化优势和区位优势的分析基石之上,动态地探讨了企业对外直接投资、外国直接投资引进与国家经济发展阶段间互动关联的话题。

(五)边际产业扩张理论(the theory of marginal industry dilation)

1.边际产业扩张理论的产生背景

20 世纪 60 年代,日本的海外投资迅猛扩张,其国际投资地位日益提高。由此,一个由美国、日本和西欧构成的"大三角"格局在国际直接投资环境中形成。1977 年,日本学者小岛清提出,我们必须认识到,各国的经济状况都具有其独特性。目前流行的对外直接投资理论,主要描绘了美国的对外直接投资实践,难以全面领略和解读日本的对外直接投资现象。因此,需要建立一套更符合日本国情的对外直接投资理论体系,使其既能深入解释又能有效指导日本的对外直接投资行为。

2.边际产业扩张理论的主要内容

边际产业扩张理论指出,母国(投资者所在国)处于或即将面临比较

---

① Dunning, J H, Rugman, A M. The influence of Hymer's dissertation on the theory of foreign direct investment[J]. American Economic Review, 1985, 5(2): 228-232.

劣势的行业(称之为边际产业),应优先考虑进行对外直接投资。这些行业(例如纺织行业)在国内(如日本)可能已经处于竞争劣势的位置,但在东道国(例如众多劳动力成本较低的发展中国家)却可能仍然具有相对优势。对东道国来说,得益于母国的投资,可以使得原本由于缺乏资本、技术和管理技能等因素而未能显现的比较优势得到显现或增强。这样有助于扩大两国间的比较成本差异,进而促进双方贸易往来的进一步扩张,这种局面对东道国和母国均有益处。

在小岛清看来,对外直接投资可以划分为贸易创造型和贸易替代型两大类。以美国为代表的发达国家的对外直接投资都是贸易替代型,其投资的产业或部门通常都是基于其比较优势。这些投资策略主要出于对维持自身市场垄断地位的期望,或者是为了应对潜在的贸易障碍而开展对外直接投资活动。日本的对外直接投资属于贸易创造型,其直接投资产业是在日本已处于相对不利的产业或部门,这些产业或部门容易在国外找到立足点。[1]

3.边际产业扩张理论简评

边际产业扩张理论的阐述在某些方面含混不清且存在自相矛盾之处,因此该理论引发了一些质疑。小岛清对外直接投资的分类,将之划分为日本式的贸易创造型及美国式的贸易替代型。无论理论阐述、影响力依据,抑或现实存在,这种分类都有其站不住脚之处。小岛清所陈述的日本式的贸易创造型投资,是从20世纪60年代日本对东南亚地区进行对外直接投资的现实情况中提炼出来的,且这种对外直接投资类型是单向性的,即只由发达国家向发展中国家进行投资的模式。然而,后来日本对以美国为代表的发达国家不断开展对外直接投资,该理论无法解释这一现象。

二、西方对外直接投资理论的最新进展

自20世纪90年代以来,跨国公司在全球经济活动中的影响日益突

---

① 陆雄文.管理学大辞典[M].上海:上海辞书出版社.2013:59-63.

出，对外直接投资展现出新的形态和特点。学界对相关的对外直接投资理论进行了深入研究，其研究成果已广泛引起各方关注。一些具有代表性的研究成果包括投资诱发要素组合理论、竞争优势理论、跨国公司全球战略理论和资源基础理论以及纵向一体化和横向一体化国际直接投资理论等。

（一）投资诱发要素组合理论

该理论的核心主旨是：对外直接投资活动的产生是由直接诱发要素和间接诱因要素的综合作用引发的。直接诱发要素一词的含义指向多样的生产要素，包括人力资源、投资资本、科技知识、管理策略、信息便利以及自然资源等。这些直接诱发要素无论在母国或是东道国中，均可能出现。如果母国在上述要素方面具有比较优势，那么就会诱发对外直接投资，进而将这些要素转移至其他地区。反之，若东道国在某些要素方面拥有比较优势，则会吸引母国进行对外直接投资，以便更好地利用这些要素。间接诱发要素是指除生产要素之外的政策和环境要素，通常包括下述五个领域的要素：(1)母国与东道国的相关法律法规、政策框架及双边关系等；(2)东道国的投资环境及其国际法律制度结构；(3)母国的国家风险水平，涵盖政治稳定性、经济发展水平以及社会文化异质性等；(4)东道国的开放程度，即是否融入世界经济；(5)全球经济的国际化进程，包括全球经济一体化、地区化以及科技革命、国际协定等要素的影响。据此理论，发展中国家的对外直接投资行为在更大程度上会受到这些间接诱发要素的影响。[①]

投资诱发要素组合理论的创新之处在于强调，对发展中国家来说，间接诱发要素如制度政策、法律环境和要素禀赋等在其对外直接投资中扮演着重要作用。相较之下，过去的理论主要着重于直接诱发要素的作用，具有局限性。该理论的不足之处在于没有从动态上对对外直接投资的发展过程、发展规划以及母国与东道国政府和企业之间的动态博弈进行分析，对投资活动的解释力有限。

---

① 胡义.国际投资理论创新与应用研究：基于中间层组织的分析[M].北京：人民出版社，2006：62-63.

（二）竞争优势理论

美国学者波特（Porter）在他的职业生涯早期发表的三部著名作品（《竞争战略》《竞争优势》以及《国家竞争优势》）中阐述了多数关于对外直接投资的研究聚焦于跨国公司多元化的原因，而对于其成长动力和途径的深入研究稍显不足。他提出，企业的价值创造过程应被视为一种价值链，这种价值链应被进一步拆分为一系列对立但又相互依存的环节或阶段。这种价值链上的各个环节对生产要素的需求存在显著差异，使得不同国家可以在价值链的不同环节上建立并展示其竞争优势。然而，企业每个价值链环节并不总能创造价值；只有那些符合企业特性和优势的"关键环节"才是真正有助于价值创造的，因此应该被视为企业重点发展和加强的方向。对于非关键环节，企业可以选择分散处理或者外包，从而更好地汇聚关键资源，提升核心竞争力，并有效降低成本。[①]

波特进一步阐明，国际竞争最终体现为企业间的对抗。只有拥有数量众多的优秀企业，国家才能在全球市场中占据优势，获取更丰富的外国资源。如果一国企业希望在全球性竞争中胜出，首要条件便是在国内市场塑造并强化自身的竞争优势，提升劳动生产率以及效能。接下来，企业通过进行对外直接投资以获取更大范围的国际资源，并充分运用国际合作和分工，不断推进技术进步和产品创新以提高和巩固其竞争地位。因此，波特主张，"先内后外"的投资逻辑顺序应被企业严格遵循与实施。

该理论讨论了特定国家的企业在国际竞争中获得竞争优势的各种条件，对引导一国企业寻找并维持其独特优势以及指导政府优化营商环境，提供了深刻的行动指导。该理论对不同国家的应用案例的分析引发了严肃的思考。

（三）跨国公司全球战略理论和资源基础理论

跨国公司全球战略理论的核心思想表明，跨国公司应当构建一整套全球化生产和运营目标战略。在全球战略的引领下，有效整合全球各地的资源，以实现资源配置的最优化。跨国公司为最大限度地获取经济全球化的收益，增强跨国公司应对全球风险的能力，须在全球范围内对资源

---

① 波特.竞争优势[M].陈小悦，译.北京：华夏出版社，1997：49-54.

进行有效配置和精细协调,以实现生产、市场推广、研发、管理、服务等各环节的集成。通过这种方式,跨国公司可以达到生产专业化的目标,进而提升跨国公司的整体效能。[①]

资源基础理论由 Wernerfelt(1984)提出,该理论认为企业是各种资源的集合体,资源的异质性决定了企业竞争优势的差异。首先,该理论讨论了资源的特点,认为只有价值持久、稀缺、不可完全替代和难以转移的资源才能使企业保持竞争优势。其次,该理论探讨了资源的种类,主张资源可被划分为国别资源和企业资源。国别资源可以进一步分为基础级的国别资源和高级别的国别资源。其中基础级的国别资源包括土地、气候、自然资源、劳动力供应、资本丰裕度以及赋税水平等。高级别的国别资源包括一个国家的教育体系、组织技术能力、基础设施以及劳动生产率等方面。以土地、劳动力供应、自然资源等为典型代表的基础级的国别资源只能发挥短期优势;而高级别的国别资源具有不可复制、需要长期投资和难以在国家间流动的特点,因此高级别的国别资源能够发挥长效优势,往往比基础级的国别资源更重要,成为一国吸引对外直接投资的重要因素。就企业来说,对外直接投资的目标不仅是抓住市场机会,还应深度整合并充分利用东道国的高级别的国别资源。这样,跨国经营的企业方能维持其竞争优势,同时也可以获取对外直接投资的收益。

跨国公司全球战略理论和资源基础理论,都是立足于企业生产要素的优化配置。这两个理论都探讨了对外直接投资活动对企业的微观影响,它们实际上是对国际投资理论微观层面分析的一种有益尝试。然而,总体来说,这类理论仍显得相当分散,对一些基本概念如资源、核心竞争力的认识比较含糊。

(四)纵向一体化和横向一体化国际直接投资理论

所谓的纵向一体化是指全球不同国家各自承担生产流程的特定环节,而横向一体化则是指在不同国家内同时进行相同的生产环节,其目的都是充分利用不同国家的比较优势。

---

① 胡义.国际投资理论创新与应用研究:基于中间层组织的分析[M].北京:人民出版社,2006:71-73.

　　通常情况下,各国的生产要素禀赋存在差异,因而会生产差异化产品或服务。跨国公司可以根据要素禀赋的差异,如果需要密集使用外国具有比较优势的生产要素,其生产环节可设立在该要素禀赋丰裕的国家;反之,若需要密集使用本国具有比较优势的生产要素,其生产环节可以放在国内。通过对外直接投资和企业内贸易,形成了跨国公司的母公司与子公司之间的纵向一体化格局。此模式也解释了发达国家和发展中国家之间垂直型投资模式的出现。

　　进行横向一体化时,降低研发支出及逃避税费是企业选择对外直接投资的主要原因;同时,运输费用、关税壁垒、非关税贸易障碍以及文化差异对对外直接投资也会产生重大影响。企业可通过对外直接投资来分担研发成本。在两国的资源配置相对等价的情况下,对外直接投资的决策主要取决于运输成本和税收等核心问题。借助于横向一体化的对外直接投资模式,跨国公司能够实现降低投资风险和交易成本的目标。这一模式深刻解析了发达国家之间普遍存在的水平型对外直接投资现象。

　　纵向一体化和横向一体化国际直接投资理论主要强调了企业生产环节、比较优势以及国际分工这些要素对企业进行对外直接投资的驱动作用。这种理论同时也阐释了产业间贸易、企业内贸易与对外直接投资的相互补充性。此外,它也为发达国家和发展中国家间,以及发达国家之间的对外直接投资现象提供了新颖的解读方式。然而,这种理论未能充分考虑到东道国的产业政策、外资政策、发展战略和文化制度等影响因素,这是其在研究框架中存在的明显短板。

三、国内对外直接投资理论及述评

　　总体而言,目前对于发展中国家的对外直接投资理论的研究主要都由国外学者领导,随着中国市场的开放,企业对外直接投资规模得到发展,国内学者开始跟踪和学习国外理论。从中国利用外资和资本输出角度,中国学者形成了有着中国特色的针对对外直接投资的研究,尽管尚没有形成完整的理论体系和框架,但是能够看到一些有价值的、零散的思想。其中有代表性的理论有非内部化理论、优势互补理论、四维分析模型、基于中间层组织的国际投资理论创新等。

（一）非内部化理论

这一理论由中国社会科学院的袁钢明于 1994 年提出。他认为，随着时代的发展，选择对外直接投资模式及控制方式已不能纯粹依赖内部化收益，而多种形态的内部化控制也不再被视为对外直接投资的最优或必要工具。他指出，现代企业是否选择采用内部化控制，抑或偏向于弱控制或无控制，取决于对特定利益的追求，而非仅仅考量外部环境是否对内部化控制有所倾斜。对于拥有无形资产等特殊优势的厂商来说，实施内部化控制可以赢取垄断性利润；反观缺乏此类特定优势的厂商，在许多其他方面却呈现出强烈倾向，例如以最快速度进入目标国家的市场、利用技术扩散效益等途径尽可能扩大市场份额，那么采用弱控制或无控制更可能达到期望结果。[①]

（二）优势互补理论

朱玉杰、曾道先和聂小刚（2001）提出了对外直接投资的优势互补理论。该理论强调对外直接投资活动包含两个方面：一是投资者的投资行为；二是被投资者的吸引投资行为。虽然对外直接投资理论基本上以优势决定理论为基础，但其实质主要集中在研究投资者的投资行为，而忽视了被投资者吸引和接受投资的行为。然而，一个完整的对外直接投资理论应该体现投资双方在吸引和利用过程中的互补性。为此，他们提出了一个新的对外直接投资理论，该理论兼顾投资方以及被投资方的需求。该理论包括以下三个互为补充和条件的子系统：优势要素互补系统（静态子系统）、竞争优势实现系统（动态子系统），以及优势环境系统（环境子系统），这三个子系统共同构成了统一而完整的理论体系。根据静态子系统、动态子系统和环境子系统的划分，构成企业优势的要素相应也可以分为三大类：静态优势要素（包含资源、技术和人员）、动态优势要素（组织管理、企业文化差异的协调）、环境优势要素（政府与社会、生产要素状况、工业企业状况、市场状况、外国政府、投资机遇）。在三个子系统和优势要素系统的基础上，优势互补理论的内容有以下三个方面。

---

① 刘慧芳.跨国企业对外直接投资研究[M].北京:中国市场出版社,2007:80.

　　第一，在静态子系统下，投资方与被投资方这两个参与主体的静态优势要素应当充分地相互弥补并互相增强，这些静态优势要素是投资方及被投资方所寻求的优势。它们的结合，能融合参与主体的优势，增强公司的运营实力。这种对具有潜力的项目进行投资、管理以及最终获得价值增值的策略正是企业经营活动的核心所在。

　　第二，在动态子系统下，投资方与被投资方之间应保持动态优势要素的相关适配性，如此一来，这种相关性能够催生静态优势要素的互补效应。同时，静态优势要素的实现和互补，以及最终形成的竞争优势，都离不开投资双方有效的组织管理和协调策略。

　　第三，在环境子系统下，被投资方的环境优势要素不仅与投资方的静态优势要素达到充分互补，同时也与其动态优势要素形成紧密关联。静态优势要素所欠缺或所寻求的某些优势要素，恰恰被投资方所持有。而且，被投资方的宏观环境为实现静态优势的互补和动态组织的协调提供必要条件。

　　理论上，优势互补理论隐含地验证了东道国的宏观经济和金融环境对对外直接投资的重要影响。

　　（三）四维分析模型

　　毛蕴诗（1994）针对国际主流的对外直接投资理论，整理出了主要缺陷，包括微观和宏观理论间的脱节、理论适用性过分狭窄、过分重视供给倾向，以及动态性不足等问题。因此，该学者提出了一个四维度的对外直接投资分析模型，即五个投资要素与四种作用力。跨国公司基于五个投资要素做出对外直接投资决策，即区位选择、投资时机、行业选择、技术选择以及投资模式。这些要素决定了对外直接投资应在何国、何时、以何种方式实施。

　　这五个投资要素受到四种方向的力量作用。第一种作用力是主导对外直接投资行为的初步动力，源自被某些主要目标激发的投资冲动，包括全球领导力、支配权、个人目标及收益显著等在内的 17 种目标。第二种作用力则产生于企业所面临的国际环境与东道国情况，包含多个因素：竞争状况、市场规模、经济增长率、盈利水平、政治稳定性及各项成本费用等。这些国际环境与东道国情况的影响因素，将对跨国公司产生诱发、否定、促进以及阻滞等不同作用。第三种作用力源于公司所在国家的环境，其覆盖的范围与第二种作用力大致相符。若该国环境与国际环境及东道国情况一致，将会同样产生诱发、否定、促进和阻滞的效应。第四种作用力则源于公司的内部环境，该环境可以通过评估公司拥有的要素及其组合情况进行分析。主要包括资本、人力资源、原材料、机械设备、信息、管理技术和科技七个要素，这些是直接决定投资策略的微观分析基础。基于以上四种作用力，他提出新的对外直接投资分类方式，即主动型投资（市场与技术寻求型）、诱引型投资（垄断利润寻求型）以及迫动型投资（生存寻求型）。

（四）基于中间层组织的国际投资理论创新

胡义（2006）从微观企业的视角出发，对比了直接交易、买卖分离和内部一体化等创新交易形式的交易成本，深入探讨了企业组织及跨国公司产生的深层动因。该研究还对市场环境与企业组织间的互动影响进行了详尽分析，并针对跨国公司的创新交易能力和竞争优势来源进行了研究。他将中间层组织定义为一种多元化组织，组织的内部联系可以采取完全一体化的形式，也可以采取相对松散的形式。无论采取何种形式，组织都必须有一定的控制权和影响力。贸易型、服务型和综合型的企业，以及各类生产要素市场都可以被定义为中间层组织。在这个概念的基础上，他提出了"国际中间层组织"的概念，将跨国公司的概念抽象化和扩大化，从交易费用的角度论证了不完全市场能够推动对外直接投资，也阐明了健全的市场有利于对外直接投资。从国际中间层组织的视角研究对外直接投资行为是该理论的一大创新。该理论充分阐释了发达国家间的对外直接投资现象，同时也对发达国家与发展中国家，以及发展中国家之间投资行为的动因进行了解释。

第二节　对外直接投资风险管理

21世纪初爆发的次贷危机导致了各大金融机构的破产，使风险管理问题再次成为学术界研究的热点。风险管理理论是指为了降低与不确定性情境相关的潜在损失而采取的一系列策略和方法,这些方法被广泛应用于各个领域,包括金融、企业和项目管理等。其中具有代表性的理论有内部控制理论、风险治理理论、经济利益决定理论和发展战略理论。

一、内部控制理论

1911 年,被誉为科学管理之父的泰勒在他的重要著作《科学管理原理》中,首次提出了控制理论。他主张,企业应加强内部组织管理,以提升企业的运营效率和降低风险。他的这一理论被普遍视为内部控制理论的早期形态。在 20 世纪 30 年代的大萧条之后,财务管理问题在企业中的重要性受到了普遍的关注,西方国家的企业开始有意识地对他们的经营活动进行监督和控制,内部控制理论也由此兴起。1936 年,美国会计师协会在其出版的《注册会计师对财务报表的审查》报告中首次引入了"内部控制"的概念;1988 年,该协会开启了"内部控制结构"的讨论,并提出了构成内部控制结构的三个基本要素:企业内部环境、会计制度以及控制程序。1994 年,美国的反对虚假财务报告委员会(COSO)发布了《内部控制—整体框架》的修订版报告(简称 COSO 报告),这一报告首次系统性地阐述了内部控制的三个主要目标与五个关键要素,这被公认为最具权威性的公司内部控制的理论框架。COSO 在报告中特别强调风险控制在公司内部管控中扮演的角色,认定风险控制为公司内部控制的核心环节。这一观点在企业界中得到了广泛的认可,因此,在美国以及其他发达国家的多数跨国公司中,该理论被广泛而迅速地应用。

COSO 报告指出,在经济全球化的背景下,相较于国内企业以及中小型商务组织,规模较大的跨国公司面对的市场竞争愈发激烈。同时,这些企业在经营管理过程中也面临着更多风险。恰当地识别和理解这些经营管理风险,是建立有效内部控制机制的基础。具体来说,经营管理风险的识别涉及风险来源、风险种类以及风险对公司运营带来的影响程度等方面。因为这些决定因素的识别至关重要,所以必须将企业的生产、销售、财务等各项活动纳入一个统一的内部控制框架进行管理和监控。内部控制理论强调,企业内部控制三大目标的核心是达成预设绩效目标,而非为控制本身而进行控制。各种要素和环节是实现该核心目标的基础和保证，有助于降低企业运营风险。内部控制理论涵盖了控制环节、控制活动、信息与沟通、监控活动以及风险量化与评估等方面的内容。

二、风险治理理论

相较于内部控制理论，风险治理理论是一种更系统化的方法，专注于对外直接投资的风险管理，提供了具体的措施以应对相关风险。通过整理和归纳风险治理理论的研究进程，本书发现风险治理理论涵盖了三个层面：现象与问题层面、企业治理结构层面以及政府规制层面。

（一）现象与问题层面

这一层面针对中国对外直接投资现象以及面临的风险问题，分别从宏观、政府规制和企业角度展开论述中国对外直接投资的风险治理。一是宏观角度，中国对外直接投资存在整体规模较小、区域分布不合理、行业集中度较高等缺陷。二是政府规制角度，对外直接投资领域专业性法律法规的缺失，会直接导致中国企业在对外直接投资时无法可依，进一步影响企业风险治理的综合效果，甚至可能触发系统性风险。同时，中国在政策制定、管理和决策等领域也存在瑕疵，例如，缺乏一个统一且高效的对外直接投资服务机构，政府运营成本过高，以及税务、财政等政府部门之间缺乏有效的沟通和协调等问题。三是企业角度，中国企业与国外企业相比，在技术、管理、市场营销等方面的竞争力显著不足。中国企业对东道国市场环境特别是法律环境缺乏深入了解，这在一定程度上影响了其投资的决策和效果。开展对外直接投资的中国企业易受到东道国的法律、政策、文化等外部环境因素的深刻影响。

（二）企业治理结构层面

该层面讨论国内企业治理结构不规范的表现形式，如未能建立健全规范的现代企业制度，尤其是存在委托代理问题，继而讨论治理结构的不规范与中国企业对外直接投资内生性风险之间的逻辑关系。该理论认为企业跨国经营会进一步扩大委托代理弊端，使委托代理问题在母公司与子公司的分层治理结构上变得愈加复杂。跨国经营的企业会放大单一企业所面临的风险:首先,单一企业的委托代理弊端将被放大。其次,也可能出现层次复杂的委托代理问题,如影响海外实体企业的股东与其管理层之间的关系。因此,企业的跨国经营进一步扩大了代理链条,可能导致决策传递扭曲、代理人机会主义行为等问题,为跨国经营的企业带来了巨大的风险。

(三)政府规制层面

该层面提倡将国际风险治理模式与中国实际情况进行融合,旨在建立适应中国对外直接投资风险治理的具体策略、手段和方案。发达国家的风险治理经验显示,企业开展对外直接投资的前提和保障是政府的政策和措施。支持企业开展对外直接投资,需要从国家层面制定政策、措施,以对企业进行必要的引导。这些政策、措施主要包括建立专业的对外直接投资服务机构,为本国对外直接投资企业提供全方位的服务,如财政支持、税收补贴以及信息咨询服务等;明确各政府部门的职责,放松企业对外直接投资的审批管理等。为此结合中国国情,提出以下建议:首先,需要加速构建统一的对外直接投资法规框架,因为政府政策的支持是建立在完善的法律体系之上的。其次,建立和优化政府的政策服务体系是关键,以确保各职能部门能明确各自的职责,并达成有效的合作协调。最后,通过成立专门的对外直接投资担保机构和信息服务机构、强化国际化专业人才的培养等措施,建立完善的对外直接投资服务体系。

三、经济利益决定理论

中国学者卫兴华、马壮昌、王元龙倡导的经济利益决定理论,主张中国企业进行对外直接投资行为的决定性因素是经济利益的驱动。此理论主要从三个维度进行深入剖析:首先,揭示了经济利益的多元化表现模式;其次,详细阐述了经济利益争夺的具体展现形式;最后,解读了在跨国公司经营过程中如何实现优势竞争并最终获得经济效益。[1]

---

[1]　卫兴华,马壮昌,王元龙.新编经济学基础理论[M].北京:中国经济出版社,1994:229.

　　该理论主张,经济利益呈现多元化表现形式,其具体包括直接利益与间接利益、宏观利益与微观利益、长期利益与短期利益。首先,直接利益是企业从积极参与对外直接投资活动中所获得的益处,这构成了企业进行对外投资最基本的驱动力;间接利益则来源于企业在追求直接经济利益时创造的附带条件。其次,宏观利益指的是那些参与对外直接投资活动的企业给予本国经济发展与增长的贡献,包括促进本国经济增长、推动产业结构的调整与优化等方面;微观利益则是企业从相关投资活动中为自身所获取的利润。最后,长期利益和短期利益分别指对外直接投资在长期和短期内能够给企业带来的相应利益。

　　经济利益决定理论的核心观点是经济利益争夺的具体表现形式。第一种表现形式为投资者之间的利益争夺,例如他们对于东道国现有市场份额的夺取以及进入新兴市场时展开的角逐。第二种表现形式是被投资者之间的利益争夺,如东道国为了获取各类资本、技术支持、就业机会而开展的激烈引资竞争。最后一种表现形式是投资者与被投资者之间的利益争夺,比如双方关于控股权或经营权的争夺。

　　经济利益决定理论主张,中国企业跨国经营源自其特有的优势,企业追求经济利益的动力使其发展出了这些优势。这些优势源于三个方面,首先,多极化的投资目标及其内生的激励机制;其次,多元化的差异性优势以及对应的倍增效应;最后,多角化战略引导下的发展空间及其互动促进效应。[①] 这三个方面彼此交融且互为补充,共同构成中国企业特有的对外直接投资优势,从而为中国跨国企业防范投资风险,实现经济利益最大化打下坚实的基础。

　　经济利益决定理论从投资动机角度讨论了中国企业对外直接投资的动因,对中国企业跨国经营的利益表现、利益争夺、利益实现和风险防范措施进行了阐述。该研究为后续的风险管理以及保障机制提供了理论基础。

----

① 孙建中.资本国际化运营:中国对外直接投资发展研究[J].北京:经济科学出版社,2000:30-48.

四、发展战略理论

发展战略理论综合考虑了主体战略、目标战略、行业战略和区位战略等关键因素。主体战略针对不同类型的企业，如国有企业、民营企业以及外商投资企业，明确了它们开展对外直接投资活动的可能性和条件。目标战略讨论了企业开展对外直接投资的各项目标，例如，扩大全球市场份额、获取宝贵自然资源、削减生产成本以及掌握先进技术等。行业战略指出了中国对外投资的产业倾向，例如，对发达国家的投资主要集中在高科技产业领域，而对发展中国家的投资则一般集中在制造业。区位战略着眼于投资目的地的经济发展水平，把东道国按照发达和发展两大类别进行分类。根据发展战略理论，企业的对外直接投资选择都有其特定的战略目标和产业形态，为对外投资活动提供了逻辑清晰、结构合理的依据。

发展战略理论在考察中国企业对外直接投资的发展战略方面更加全面和综合，对中国跨国企业开展对外直接投资活动的指导性意义更清晰，明确并提前预警可能出现的风险，使跨国企业避免遭受不必要的损失，最终实现跨国投资收益。

作为阐述中国企业对外直接投资及风险管理的理论，发展战略理论详细解释了中国企业进行对外直接投资活动的战略意义和投资策略选择的问题。该理论明确了中国企业对外直接投资时将面临的风险以及风险管理的方向。中国企业对外直接投资顺应了经济全球化趋势，适应了中国的经济发展阶段。这也意味着中国企业在对外直接投资时将面临来自东道国的政治风险、金融风险、运营风险以及法律风险，需要企业加强风险管理意识和能力，以减少对外直接投资的风险和所造成的风险损失。

第三节　对外直接投资与风险管理关系

对外直接投资与风险管理关系的相关研究，主要围绕对外直接投资风险的识别与评估、对外直接投资风险对于对外直接投资的影响和对外直接投资的风险管理三个方面展开,形成了比较完善的理论、模型和方法。

一、对外直接投资风险的识别与评估

(一)对外直接投资风险的识别

要开展风险分析就必须收集风险因素,当前多数学者认为风险因素包括各种政治、经济、社会和文化因素,各类风险因素如何分类就是风险如何进行识别的问题。当前,全球学者对于对外直接投资风险如何进行分类还没有形成一致的认识,目前比较成熟的风险识别方法有以下几种。

1.根据风险来源进行划分

Miller(1992)提出了三变量分析方法,将对外直接投资风险划分为宏观环境风险、中观环境风险和微观环境风险,该分类方法在国际上应用比较多。

宏观环境风险主要涉及东道国的商业环境因素,这些因素对跨国投资的影响巨大。通常,这种风险主要包含五个方面:宏观经济风险、政府政策风险、政治稳定性风险、社会稳定性风险以及自然条件风险。宏观经济风险主要包括经济状况的不可预测性——例如通货膨胀、相对价格波动、汇率变动、利率调整以及贸易条款的变化等。政府政策风险则涉及财政与货币政策的变更、价格控制、贸易限制、国有化进程、政府监管力度以及公共服务的完备情况。政治稳定性风险则涉及战争、革命、政府的民主改革和其他政治动荡等。社会稳定性风险包括社会骚乱、游行示威、恐怖主义活动等社会动荡情况。自然条件风险主要源自各种自然灾害——如暴风雨、洪水、地震和其他自然灾害带来的不确定性。以上各种因素都可能对企业的跨国投资产生重大影响,因此需要预警并采取相应防范措施。

中观环境风险主要体现在投入品市场风险、产品市场风险、竞争环境风险以及科学技术领域风险四个方面。投入品市场风险涉及产品质量的不稳定、市场供给的波动以及消费者需求数量的变化;产品市场风险包括消费者偏好改变、替代物品的可获得性、互补品的稀缺性;竞争环境风险表现为现有竞争者格局和状态、潜在进入者的威胁；科学技术领域风险主要源自产品创新、技术创新和工艺创新的不确定性。

微观环境风险主要源于跨国企业内部的微观因素，包括企业经营的不确定性（如劳动力供给、生产、销售）、责任的不确定性（如产品保质责任、排放污染物的责任、环保责任）、研发的不确定性（如研发结果）和信誉或行为的不确定性。许晖、万益迁、裴德贵（2008）在其研究中指出，代表中国高科技民营企业的华为公司，在进行对外直接投资时，面临三个层面的风险：国家宏观环境风险、行业竞争环境风险以及企业微观环境风险。他们认为，在华为通过不规则出口开拓市场的阶段，宏观环境风险不是影响企业经营的主要风险。

2. 根据特定投资环境划分

同时，部分学者从特定投资环境的视角研究国际投资活动中的风险识别问题，他们把风险划分为包括国家风险、外汇风险在内的各种具体风险。根据 Meldrum 和 Duncan（2000）的观点，国际直接投资风险可被细分为六大类，他们分别是经济风险、转移风险、汇率风险、地理位置或邻近风险、主权风险以及政治风险。然而，聂名华（2009）进一步提出，中国的对外直接投资可能面对七种不同的风险因素：一是目的国家的政治稳定性风险；二是恐怖主义及民族主义威胁的风险；三是政策变动和法律改变所带来的不确定性风险；四是汇率变动及由此产生的汇兑风险；五是投资决策与经济运营的风险；六是由于文化差异引起的冲突风险；七是管理体系与道德规范的风险。

（二）对外直接投资的风险评估

对外直接投资风险评估有定性评估和定量评估两种方式，定性评估是一种依赖于评估者自身经验的方法，该方法仅对投资环境进行描述性评价。然而，从事风险分类研究的学者们普遍认为，用定性评估方法将对外直接投资风险进行分类无法解决风险测度问题，也无法进行科学的风险评价。但是定性评估是定量评估的基础，定量评估是基于数理统计方法测度影响风险的各种因素，因此其评估结果更加准确，基于定量评估结果的研究能够提出更加科学的风险管理措施。

1. 国际评级机构建立的评估体系

在国家风险的定量评估中,一些国际评级机构根据各个国家的政治稳定性、经济发展水平、社会环境等因素建立了各自的评价体系,评级结果可以帮助企业和投资者了解主要国家的国家风险水平。

(1)《欧洲货币》的国家风险指数

《欧洲货币》杂志每年邀请 100 位权威的经济学家、政治风险专家以及银行界人士,共同对全球 133 个国家和地区的宏观风险进行详尽的研究和评估,得到的结果就形成了《欧洲货币》的国家风险指数。该指数涵盖了九大关键指标,包括经济数据、政治风险、债务状况、违约或逾期债务状况、信用评级、银行财务健康状况、短期融资流动性以及资本市场表现。这些指标又被划分为三大权重类别:分析性指标、信用性指标和市场行为指标。按照这一框架,《欧洲货币》的国家风险指数总分为 100 分,得分越高表明国家风险越小,反之越大。

(2)《机构投资者》的风险等级指标

该指标是《机构投资者》杂志筛选出国际金融界中最活跃的 75—100 个大型跨国商业银行并对其进行咨询调查得到的综合指标。自 1975 年以来持续对外发布,该指标每隔 6 个月更新一次。该指标由各跨国商业银行根据各国信用质量给出主观评分(0—100 分),0 分代表必定违约,100 分则代表不存在违约的可能性。基于每家银行的评分,按照一定的权重最终得到全球国家风险排名。

(3)国际透明组织的全球清廉指数

1993 年 5 月,世界银行负责非洲地区项目的前德籍官员彼得·埃根创立了国际透明组织,该组织是一个非政府、非营利、国际性的民间组织,总部设在德国柏林。该指数通过 CPI(清廉指数)和 BPI(行贿指数)形成腐败指数,以此评估国家风险。CPI 由全球各地商人、学者及风险分析人员进行评估并给出 0—10 分的评分,主要目的是对全球各国的腐败情况进行描绘和反映,得分越高的意味着该国的腐败程度越低;BPI 反映一国(地区)的出口企业在国外的行贿意愿,是 CPI 的补充。

(4)美国的国际国别风险指南(International Country Risk Guide, ICRG)

该指数由美国政治风险服务集团(Political Risk Services Group)推出,目前已被认为是最权威的风险评级机构之一。该机构以政治风险指数、经济风险指数和金融风险指数来分类国家风险,并将其评级结果视为"典型参考标准"。ICRG 的用户包括国际货币基金组织(International Monetary Fund,IMF)、世界银行(World Bank)、联合国(United Nations)以及许多其他全球性组织。根据 ICRG 的观点,国家风险由对外偿债意愿及偿债能力两大要素构成,其中,偿债意愿与政治风险息息相关,而偿债能力则分别与金融风险和经济风险密切相关。ICRG 的综合风险指数计算公式如下:

$$CR = 0.5 \times (PR + ER + FR) \tag{2-1}$$

其中,CR 是指总体风险指数;政治风险(PR)的最高得分为 100 分,占总体风险的 50%,包括 12 个要素;经济风险(ER)的最高得分为 50 分,占总体风险的 25%,包括 5 个要素;金融风险(FR)的最高得分为 50 分,占总体风险的 25%,包括 5 个要素。CR 的评分范围是 0—100 分,得分越高代表相关风险越低,反之则表示风险越高。

(5)中国社会科学院的《中国海外投资国家风险评级报告》

该报告从 2013 年开始连续每年发布一次,该报告涵盖中国对外直接投资的主要东道国、共建"一带一路"的主要国家和区域全面经济伙伴关系协定(RCEP)成员国(不包括避税港)。该报告基于中国企业和主权财富的海外投资视角,着重对中国对外投资国的国家风险进行量化评估,评估维度包括经济基础、偿债能力、社会弹性、政治风险和对华关系五个方面,评估样本范围选取和评级指标更契合中国实际。

(6)中国出口信用保险公司的《国家风险分析报告》

2005 年,中国出口信用保险公司首次发布了《国家风险分析报告》,之后每年发布一次。该报告分为两册,一册是从政治风险、经济风险、营商环境风险和法律风险四个维度,针对主要国家开展风险水平的评估和认定,另一册是从国别、行业、企业等多维度、多层次为中国企业对外直接投资提供风险评估、预警、管理及咨询服务。

2. 学者提出的评估方法

对东道国直接投资的风险评估涉及政治、经济、文化等多个维度,在国内外研究领域内,关于跨国直接投资风险的评估方面呈现出多样化趋势,这些方法融合了宏观与微观、主观与客观、定量与定性的分析框架;研究方法也逐渐多元化,采用了如主成分分析法、因子分析法等多种技术。

(1)宏观(主观)评估

Gerald(1976)构建了一个政治制度稳定度指标,该指标运用了量化分析结构以测量政治风险。该指标由社会经济特性指数、社会冲突指数以及政府干预指数三个分指数构成,该评估方法的优点是利用客观数据衡量风险,包含的因素较为全面。霍华德·约翰逊(Howard Johnson)提出了失衡发展与国家实力模型,该模型从失衡发展与国家实力相互作用的角度讨论该国发生政治风险的概率。政治发展、社会成就、技术进步、资源丰度和国内秩序是决定一国失衡发展的主要因素;而国家实力是一国经济、军事和外交关系的整体表现。该模型将世界各国分为四个类别:失衡强大国家、平衡强大国家、失衡弱小国家和平衡弱小国家。四类国家中,平衡强大国家和平衡弱小国家面临政治风险的可能性相对最低;相反,失衡弱小国家面临着中度程度的政治风险,失衡强大国家面临着最高程度的政治风险。哈罗德·克鲁德森(Harold Knudsen)提出了国家征收倾向模型,该模型首先分析一个国家挫折程度是如何产出的,紧接着讨论该国发生财产没收行为的倾向。该模型认为一国的抱负水平、福利水平和预期水平都是其社会结构的代表因素,它们之间的交互效应最终决定了该国家的挫折程度。当一个国家的福利或预期水平低于抱负水平时,该国的挫折程度达到了顶峰,在此期间若大量外国投资者涌入该国,他们便有可能成为国家挫折的替罪羊,并可能面临着财产被无理没收的风险。

(2)微观评估

Ting(1988)提出了渐逝需求模型,此模型主张,随着民族经济竞争的激烈增长和社会政治风险的显著减少,东道国(一般为新兴工业化国家)更需要引进外国投资项目,若该外资项目的"看中价值"越高,那么其面临的政治风险就会相应降低。这一理论模型借鉴渐逝的合约现象以及非工业化国家实行工业化经济道路的历程,发现伴随着越来越多国家积极推进工业化以促进经济发展,财产没收和国有化等暴力性风险的概率会逐渐降低。

Robinson(1964)构建了产品政治敏感性评估模型。该理论主张,各种产品在东道国的经济中占据不同位置,拥有不同影响力,因此具有不同的政治敏感性。产品所具有的政治敏感性程度与其面临的政治风险之间存在正比关系。倘若某一产品具有较低政治敏感性,那么其投资行为面临潜在的政治风险概率也较低,被东道国关注的可能性也相对较低。相反,若产品具有较高的政治敏感性,其政治风险则相应提高。

（3）因子分析法

因子分析法是一种较为常见的统计方法,它通过对显在变量的分析和整理来测评潜在变量,因此学者们采用该方法来评估对外直接投资风险。Kent 和 Miller(1992)采用因子分析方法,提出了对外直接投资风险感知的概念模型。该模型采用包括政策、经济、资源、服务、市场竞争、技术在内的 35 个影响因子,对投资经营环境所面临的风险进行高度概括,比较完善地分析与评价了对外直接投资风险。国内研究学者邵予工、郭晓、杨乃定(2008)选择 22 个子项目,利用多级模糊综合评价方法,从主观到客观,从外部到内部,从主要到次要,多角度地构建了一套比较完善的风险评估体系。

（4）主成分分析法

周伟、陈昭、吴先明(2017)量化评估了 2013 年 39 个共建"一带一路"国家的风险,运用主成分分析和聚类分析方法,对样本国家的政治风险、经济金融风险及社会文化风险进行了量化评估。得出的结论是,中国企业在共建"一带一路"国家开展对外直接投资时面临的国家级风险相对较低。针对风险来源的研究显示,在政治风险和经济金融风险中,中国企业对外直接投资面临的主要风险来源是东道国自身因素;在社会文化风险中,东道国自身因素和东道国与中国之间的因素,都起着同等的重要作用。

二、对外直接投资风险对于对外直接投资的影响

根据上述风险识别方法,学者们主要根据风险的来源,分别从政治风险、经济风险、金融风险以及制度性变量的角度出发,探讨其对于对外直

接投资的影响。

（一）政治风险对于对外直接投资的影响

在关于对外直接投资风险影响方面的文献中,许多研究都是以政治风险的角度为基础的,政治风险是影响对外直接投资的主要因素是学者们比较一致的研究结论。

Singh 和 Jun(1995)利用混合面板模型,从宏观经济因素、政治风险及商业状况等多角度探讨了其对发展中国家对外直接投资的影响。研究结果表明,影响对外直接投资的关键决定因素是商业环境和政治风险。具体来说,社会政治的不稳定是导致该国外资流入比较少的重要原因;同时,影响一国对外资吸引力的原因还包括该国对出口的态度。

Ramcharran(1999)应用回归分析方法,对 1992 年至 1994 年间 26 个国家的横截面数据进行实证检验,深度探讨并验证了政治风险、经济风险与外国直接投资关系的互动关系,提出稳定的政治环境和经济政策有助于降低投资收益的不确定性,从而成为吸引外资的重要因素。因此对外直接投资与上述风险之间,存在显著的正相关关系。

Click(2005)在他的研究中,利用时间序列和跨国实证模型,针对美国 1982—1998 年在 58 个东道国的对外直接投资资产回报率(ROA)进行了深入分析。他提出,影响此类投资的主要国家风险因素可以分为两大类型。首先,一类是显性的金融风险,主要包括商业周期波动、市场波动风险以及价格波动风险(如利率、油价、通货膨胀率和汇率等)。这类风险因其具有明确的量化标准可以较为准确地进行测度。然而,另一类则是难以直接测量和量化的隐性政治风险。虽然我们无法直接测定其影响程度,但其存在及其对资产回报率的潜在影响不容忽视。

Click(2005)的研究结论形成四个观点:一是美国在多数国家的对外直接投资资产回报率并不与全球标准对齐;二是金融风险主因在于不同国家间存在的差异;三是无论从定量或者定性分析角度,都可发现隐性的国家风险与未被注意的政治风险之间存在关联;四是更高的资产回报率可以作为对隐性国家风险的一种补充,因此,资产回报率也能作为政治风险的一种度量标准。

根据 Krifa-Schneider 和 Matei(2010)的研究发现,根据邓宁的国际生产折衷理论,跨国公司所能掌握的优势是所有权优势和内部化优势,而区位优势是东道国吸引外资的条件之一,无法由跨国公司控制。他们运用 1996—2008 年的样本,针对 33 个发展中国家和转型期国家,深入分析了其政治风险、商业环境与外商直接投资流量的互动关系。研究成果揭示,政治风险的减少与外商直接投资的增加密切相关,同时商业环境的优化对外资流入产生重要作用。

郑雪平(2008)对俄罗斯的国家风险与对外直接投资进行了深度分析。他的研究数据显示,从国际资本对俄罗斯的投资状况来看,其投资总额较为有限,而且投资构成并不十分理性。这一现象主要归咎于俄罗斯的对外投资法律框架尚待完善,执法过程中存在明显的随意性,这反过来加剧了对俄罗斯投资的国家风险。针对中国企业而言,投资俄罗斯面临的主要国家风险包括政治风险以及主权风险。

(二)经济、金融风险对对外直接投资的影响

近些年来,学者们开始慢慢关注经济风险或金融风险与对外直接投资的关系,主要有以下相关文献。

Yothin(2007)通过对跨国行业的分析,探讨了对外直接投资的类型与东道国宏观经济风险之间的联系。他将宏观经济风险划分为三个类别:供应风险、需求风险以及主权风险。他采用东道国生产增值和劳动罢工数量的变异系数来量化供应风险;采用东道国每月实际有效汇率的变异系数来计算需求风险;以及采用投资状况评估指数来衡量主权风险。他进一步采用跨国公司子公司向母国出口与其在东道国销售额的比例,作为跨国公司垂直型 FDI 占比的衡量指标。通过对 1989 年至 1999 年面板数据的评估,研究发现美国跨国公司在 FDI 活动中,具有较高垂直型 FDI 占比的行业如机械设备制造业、采矿业、交通工具制造业以及电子产业等,其资产规模显著受到供应风险和主权风险的影响。然而,需求风险在统计上却未显示出显著的影响。

Ghosh 和 Eric(2009)探索了宏观经济变量如国内生产总值增长率、通货膨胀以及失业率对投资风险的作用,采用了包括阿尔及利亚、叙利亚、马耳他、以色列、沙特阿拉伯、突尼斯、阿曼、约旦、阿拉伯联合酋长国以及巴林在内的十几个中东和北非国家样本,建立宏观经济变量脉冲反

应模型讨论了宏观经济与对外直接投资之间的关系。研究结果表明,一个国家的经济政策在稳定经济并吸引外资方面起着比石油储备更重要的影响。

Overesch 和 Wamser(2009)对公司税如何影响德国企业在欧盟成员国(主要指东欧国家)的对外直接投资进行了深入分析。他们发现,虽然欧盟的一体化为投资创造了更优越的环境,并且这些新加入的成员国也在积极采取策略吸引外来投资,但是,这些东欧国家的企业税政策仍对德国跨国公司的投资决策产生了三方面的影响:即投资地点选择、投资决策以及资本结构配置。具体而言,地方税与投资地点选择和投资决策存在负相关关系,同时,较高的地方税则意味着更高的负债率和更大的财务风险。

三、对外直接投资的风险管理

通常情况下,我们根据风险预警的成果来制定风险防范策略。首先需要对风险进行合理的分类,然后确定恰当的评价指标或标准。接着,选择合适的风险预警模型,构建有效的风险预警机制,最后提出切实可行的风险防范措施,旨在最小的成本下,最大限度地降低风险带来的损失。学者们主要从以下几个方面提出对外直接投资风险管理措施。

(一)比较各国对外直接投资风险管理的经验

王茹(2012)比较了西方发达国家在促进企业跨国经营、管控国家风险方面积累的经验,认为美国的经验主要体现在立法方面,通过法律手段帮助企业规避商业道德潜在危险,保护知识产权以维持技术领先优势,并适度限制企业对外直接投资行为,政府需提供各种风险防范保障。日本的实践经验体现在构建技术转移的阻碍,以法律防护的视角,确保日本企业保持其技术优先地位并强调公司自我风险管理,实施本土化策略以及推动人才本土化成为跨国企业的重要目标。欧盟的经验则是强调对外直接投资政策对跨国企业的支持效果,加强国家对投资保险服务的提升,以及为企业提供信息咨询援助服务。

（二）政府层面需要加强监管和扶持

学者们大多认为政府应该从国家风险管理制度入手，健全国家信用保险体系，简化行政审批手续，促进跨国企业的财政金融支持体系方面不断健全或简化，从宏观管理层面帮助跨国企业全方位应对对外直接投资风险，提升跨国企业的抗风险能力。马轶群、倪敏、李勇五（2020）采用模糊集定性比较分析方法，通过比较高风险组态和低风险组态，讨论了高风险发生的条件，认为国家可以实施不同条件类型的审计监督，从而阻止国有企业投资风险的形成。张宸妍、郑玮、洪俊杰（2022）基于 2004—2013年中国工业企业数据库和商务部境外投资企业（机构）名录，运用实证方法发现中央政府和省级政府的政策支持能够促进企业的对外直接投资，省级政府的相关政策能进一步加强中央政策支持的促进作用，因此转变政府职能、深化简政放权能够提升对外直接投资领域的资源配置效率。

（三）企业层面需要增强自身抗风险能力

这些研究成果大多认为跨国企业需要明晰国际化经营目标、在东道国承担更多的社会责任、加强国家风险研究、构建国际化人才团队，逐渐强化对外直接投资风险管理工作，增强自身抗风险能力。王佳（2019）在讨论天业通联和通富微电两家中小板上市公司对外直接投资案例的基础上，认为中小企业对外直接投资的风险管理应从重视财务风险出发，提高自身财务风险的防范意识。张聪（2016）运用指标权重确定法和模糊综合评价方法提出了电力企业对外直接投资的风险管理对策，认为中国华电集团在印尼的投资风险主要集中于战略风险，企业需要加强对合作伙伴的研究。

四、文献评述

综上所述，有关对外直接投资风险管理的研究比较丰富，这些研究成果为本书的研究提供了思路和参考，但本书认为在当前中国企业对外直接投资风险防范领域的研究还存在以下问题。

（一）分析框架设定不够准确

当前的文献大多将分析框架设定为发达国家为资本输出国，作为资本接收国的发展中国家,其政治体制和民主制度等政治因素受到了广泛关注。然而,当前分析框架并未能准确描绘出对外直接投资风险与发展中国家对外直接投资关系的细微变化,这显然忽视了发展中国家(尤其是中国)在国际直接投资格局中显著崛起的现象与趋势。发展中国家的对外直接投资活动正在逐渐增加,这是一个不容忽视的事实。

(二)经济金融风险与社会文化风险量化研究不足

在现有的国内外研究领域中,对于对外直接投资风险的探讨主要集中在国家风险、主权风险以及政治风险等诸多角度。众多研究强调了东道国的政治框架、政治体系及思想观念等政治稳定性因素对对外直接投资的影响力。然而,与政治风险相比,对于经济金融风险和社会文化风险的深度学术研究相对较少。部分学者采用了美国政治风险服务集团的全球经济风险(ERI)和金融风险(FRI)数据来衡量各国的经济金融风险。同时,也有部分学者从东道国公民的受教育程度、社会经济环境、社会治理功效、经济管理机制以及其他投资风险等多方面定量地研究社会风险。然而,只有少数学者对社会文化风险进行了定性分析,有关社会文化风险的量化研究仍然较少。

(三)量化分析中缺乏"民营企业因素"

民营企业是中国经济高速发展的主力军,也是中国对外直接投资的主要参与者。然而,与国有企业、外商投资企业相比,民营企业对外直接投资劣势相对比较明显,其对外直接投资过程中面临的风险更大。从现有文献来看,由于统计数据的局限性,当前针对民营企业对外直接投资特征的研究相对缺乏,专门研究民营企业对外直接投资风险管理的文献不多。

针对以上问题,本书主要研究中国民营企业的对外直接投资行为,通过研究其影响机制、分析统计指标和进行实证检验,揭示国家风险、金融风险、汇率风险等多种对外直接投资风险与民营企业对外直接投资的关系,以期取得一定突破性的研究成果。

第三章 国际投资政策环境的新变化

本章梳理了近年来各主要经济体投资政策的新变化,并分析了双边投资协定和区域投资协定的新变化。这些投资政策的变化将引领未来国际经济贸易规则的演进,并在全球范围内进行深入推广。对国际投资政策环境的新变革进行深入分析和讨论,有助于中国民营企业在进行对外直接投资活动时,理解并充分运用这些新规定。这将为中国民营企业未来实施大规模、合规的对外直接投资活动提供支持。

第一节 国别投资政策新变化

随着国际经济的发展,国际投资政策也在不断演变,反映出各国在经济利益的动态博弈中的彼此角力。近几年间,美国推出和签署了诸如2012 年版双边投资协定(BIT)、跨太平洋伙伴关系协定(TPP)以及国际服务贸易协定(TISA)等协定,其主旨都是设立更高准则的投资贸易新制度。美国试图在全球范围内推广这些新规则,引导未来国际经贸规则的发展趋势。相较于早期的投资政策,新一代的国际投资政策更具多元性,涵盖的领域也更广泛。

一、西方国家普遍加强外资安全审查

外资安全审查是一种法律制度,其主要目的在于维护东道国的国家安全,防止市场垄断现象的发生,避免可能的技术泄露,并且保障劳工权益。此制度旨在通过对外来资本进行详细的审查,并施行相应的规定,来

规范及引导外来投资行为,或者在必要时,迫使外来投资者进行相应投资行为的调整。近年来,西方发达经济体已显著加强了对于外国投资的安全审查流程。部分发达国家及地区制定并出台新的法律文件,提高了外国投资安全审查在整体外资使用情况中的地位和重要性。截至 2022 年,基于国家安全而进行外资安全审查的国家增加到 37 个,这些国家的 FDI 流量占全球的 71%,FDI 存量占全球的 68%(2021 年分别为 66% 和 70%),因监管或政治方面的担忧而被撤销的并购交易数量增加了 1/3。①

2018 年 8 月,美国总统特朗普正式签署了一项名为《外国投资风险审查现代化法案》的法令。此法案特别关注了以下两个领域的外国投资安全审查:一是涉及关键技术、关键基础设施以及保留或收集美国公民个人信息的美国公司的外国投资者;二是故意逃避或规避美国外国投资委员会(CFIUS)审查的交易。为全面实施《外国投资风险审查现代化法案》,CFIUS 对该法案进行了修订和细化,修订后的法案于 2020 年 2 月 13 日正式实施,该法案对此前关注的领域提供了更为详尽的指导,涵盖关键技术、关键基础设施、敏感军事和政府设施、与美国公民敏感个人信息相关的投资等,对于此前已经完成的投资同样进行回溯性审查,其中最引人注目的是针对抖音海外版(Tiktok)全资收购美国音乐短视频软件 Musical.ly 的审查。

2019 年 3 月,欧盟理事会正式通过了外资安全审查的法规制度。按照此制度的指导,最后形成了《欧盟外商直接投资审查条例》(简称《条例》),此《条例》自 2020 年 10 月 10 日起开始执行。该《条例》授权欧盟委员会对可能"影响欧盟利益"的特定投资进行审查,并明确规定成员国有权力阻止涉及关键基础设施、先进技术、原材料和敏感信息的外国并购。此类授权可能会导致一些成员国引入新的外商投资审查制度或者扩展现有机制的覆盖面,使得目前不在监管范围之内的交易可能因为公众利益和国家安全被检查。2020 年 3 月,欧盟发表了最新的外商投资审查指南,呼吁各成员国保护医疗产业和某些关键资产,包括一些关键基础设施

---

① 数据来源:United Nations Conference on Trade and Development. World investment report 2023[R]. Geneva:UNCTAD,2023.

等。德国则将现存的外资审查机制扩张至卫生保健部门,并通过设立新的经济稳定基金来维护企业免于陷入破产和不必要收购的风险;法国、西班牙、意大利等国也启动了一些新的措施来限制外商投资。

审查机制的增加,可能会在未来几年对外资流入产生越来越大的影响。从少数可获得数据的国家来看,总体上项目被否决的比例普遍较低,但受到审查的项目数量正在稳步增加(部分国家被审查和被否决的外资项目统计见表 3-1)。引入或加强外资审查机制会对可能受到审查的部门的投资流动产生寒蝉效应,即外国公司可能在进入审核阶段前,就已决定放弃其投资方案,或者避免在受到审查的行业中寻求商业机会。

表 3-1 部分国家被审查和被否决的外资项目统计

国别	时间段	被审查数量/项	被否决数量/项	否决率/%
澳大利亚	2018 年 4 月—2019 年 3 月	689	1	0.15
奥地利	2020 年 7 月—2021 年 7 月	50	3	6
加拿大	2019 年 4 月—2022 年 3 月	57	6	10.52
德国	2020 年 1 月—2020 年 12 月	163	1	0.61
捷克	2021 年 5 月—2022 年 12 月	9	0	0
芬兰	2019 年 1 月—2022 年 12 月	97	0	0
法国	2021 年 1 月—2021 年 12 月	328	0	0
德国	2020 年 1 月—2022 年 12 月	772	—	—
意大利	2019 年 1 月—2020 年 12 月	425	2	0.47
马耳他	2020 年 10 月—2022 年 12 月	116	3	2.59
西班牙	2019 年 1 月—2022 年 12 月	177	1	0.56
美国	2019 年 1 月—2021 年 12 月	980	2	0.2

数据来源:United Nations Conference on Trade and Development. World investment report 2023[R]. Geneva:UNCTAD.2023.

二、全球大范围内正在出现新一轮引资和留资政策竞争

在全球跨境投资减少以及政治环境高度不稳定性的背景下,利用海外资本刺激经济复苏和增长已逐渐成为众多发展中国家及部分发达国家的政策核心。许多发展中国家正快速推进其改革开放进程,纷纷推出吸

引外来投资的战略和政策,由此激发了更为激烈的引资竞争。例如,美国通过改革其内部宏观经济政策以吸引投资,进一步激励其他国家模仿其做法,推动全球新一波的外资政策竞争进入白热化状态。受多重因素的影响,各国对宏观经济政策尤其是外资优惠政策的改革将持续推进。

然而,全球经济治理体系的演变尚处于模糊状态,此情况增加了全球投资环境的不确定性,对跨国企业的稳定性预期以及投资规模的扩大产生了负面效应。部分发达国家在全球经济治理改革上的推进力度强,它们率先达成了高度自由化的贸易协定。此举给非同盟国家,尤其是发展中国家带来了巨大的制度化压力,同时也使得那些位于"非朋友圈"内的国家在向"朋友圈"内的国家进行投资时,处于劣势地位。

三、促进投资便利化的措施有所增长

2003—2020 年国家投资政策变化如表 3-2 所示,2020 年,67 个国家总共推出了 152 项影响外国投资的政策,相比 2019 年增加了约 42.1%。其中旨在促进投资自由化或便利化的政策数量有所增长,达到 72 项,占比达到 47.4%。

高水平的投资便利性体现在以下几个关键方面:一是东道国对外资的监管力度下降;二是对外资所给予的偏好待遇提升;三是公正和透明的竞争政策。首先,现行的"准入前国民待遇＋负面清单"管理模式,正在对东道国的外资管理体系、产业战略以及经济调控能力等领域提出更高的标准,从时间和覆盖范围两个维度进一步优化投资便利性。在时间维度上,国民待遇已经从市场准入后阶段延伸至准入前阶段。在覆盖范围维度上,准入前国民待遇实施负面清单的例外政策,最新的 TPP 更是出台了不可逆转的棘轮式负面清单,使得负面清单的管理步入动态化,逐渐淘汰清单中的限制条款,进一步拓宽对外资的准入领域。其次,竞争中立的原则将弥补当下国际经济贸易规则无法保障国有企业与私营企业公平竞争的缺点,该原则已经成为当前规范国有企业运作行为的新规则。考虑到国有企业的特殊性,一些投资协定中已经独立列出一个章节来特别处理相关问题。最新一轮的投资政策明确了国有企业的性质问题,TPP 也单独列出并详细阐述了国有企业议题,以便更好地规范其经营行为。

表 3-2　2003—2020 年国家投资政策变化

年份	推出政策的国家数量/个	政策总数/项	自由化或便利化数量/项	限制或监管数量/项	中性或不确定数量/项
2003—2007（危机前平均值）	67	128	107	20	1
2008	40	68	51	15	2
2009	46	89	61	24	4
2010	54	116	77	33	6
2011	51	86	62	21	3
2012	57	92	65	21	6
2013	60	87	63	21	3
2014	41	74	52	12	10
2015	49	100	75	14	11
2016	59	125	84	22	19
2017	65	144	98	23	23
2018	55	112	65	31	16
2019	54	107	66	21	20
2020	67	152	72	50	30
2021	53	109	55	40	14

资料来源:United Nations Conference on Trade and Development. World investment report 2023[R]. Geneva:UNCTAD,2023.

注:"限制"是指一项政策为引入外国投资设立限制;"监管"是指一项政策对已进行的投资(无论是国内控股还是国外控股)规定相关义务。

四、全球经贸治理对企业合规管理与履行提出要求

美、日、欧等经济体在世贸组织改革和多双边经贸谈判中倾向于对社会责任提出更高要求,即高标准规则。竞争中立、绿色发展、数字经济、劳工标准、知识产权保护等新老议题成为各方关注焦点。在反补贴方面,欧美在世贸组织改革中推动竞争中立和反补贴;在国际税收方面,经合组织(OECD)发表《关于应对经济数字化税收挑战"双支柱"方案的声明》,部

分规则或影响双向投资、挑战数据安全、增大税改难度;在数据跨境流动方面,各国出台不同管理标准的数据流动法律和规则体系,形成若干数据流动圈;在绿色发展方面,越来越多的经济体推出碳达峰、碳中和时间表和新要求,欧盟率先提出碳边境调节机制;在可持续发展方面,欧盟等发达经济体在疫情后更加强调欢迎符合可持续发展标准的投资;在社会责任方面,不少国家在技术质量、社会责任等方面提出更高要求。

第二节　国际投资协定新变化

国际投资协定(IIA)确立了各相关参与者在跨国投资协调管理中的职责和权利,这为投资者提供了关键的利益保障。当前,双边投资协定和特惠贸易与投资协定(PTIA)构成了国际投资协定的核心架构,形式主要包括双边、区域和多边的投资协定。这些协定内容相互间存在高度的交融和影响力,但同时也兼具重叠性和差异性,总体上反映了在全球直接投资活动中相关参与方的权利和义务。此外,这些协定还揭示了在不同历史背景下的国际直接投资过程中,东道国、母国以及跨国公司等方面的独特利益诉求,这些协定对于全球直接投资活动无疑具有深远影响。

根据联合国贸易和发展会议的数据,2022 年全球各国共签署了 15 项 IIA。其中,10 项属于双边投资协定,另外 5 项则为包含投资条款的协定(TIPs)。2022 年,至少有 17 项已签署的 IIA 正式生效。截至 2022 年底,全球已生效的 IIA 总数至少达到了 2583 项。1959—2022 年签署的 IIA 数量见图 3-1。最活跃的经济体是英国,缔结了 12 项协定,是英国脱欧后为维持与第三国的现有贸易和投资关系而签署的延续协定。

此外,有效终止的条约数量(58 项)已超过新签订的国际投资协定数量(15 项)。在这方面,印度的活动尤为突出,共有 6 项协定被终止,其次是澳大利亚(3 项),另外意大利和波兰各有 2 项。

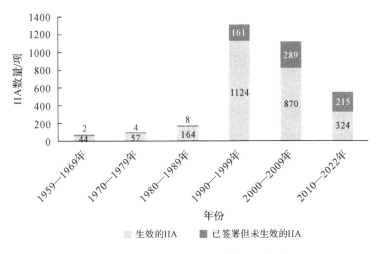

图 3-1　1959—2022 年签署的 IIA 数量

数据来源：United Nations Conference on Trade and Development. World investment report 2023[R]. Geneva：UNCTAD，2023.

一、双边投资协定

（一）双边投资协定的主要内容

双边投资协定是由资本输出国和输入国签署的专业性投资协定，目的在于保护和激励国际投资，维护健康的投资环境。这类协定的核心内容在构建国际投资规则中发挥着主导作用，内容涵盖外商投资的定义和范围、投资准入和开设企业、国民待遇、最惠国待遇、公平和平等待遇、征收赔偿、金融资本自由转移、资本利润回流以及国家与投资者之间的争端解决机制等。特别指出，历史上，双边投资协定的主要模式可以被分为两类：美式双边投资协定和欧式双边投资协定。20 世纪 80 年代之前，欧式双边投资协定占据主导地位，其核心在于强调投资保护。然而，从 20 世纪 90 年代起，实现投资自由化开始成为新的国际投资立法目标，美式双边投资协定逐渐成为主导。与欧式双边投资协定相比，美式双边投资协定设定了更高的准入标准，推崇投资自由化，并为外国投资者提供了更高级别的保护措施。以 2012 年美国双边投资协定模板为例，相比于欧式双边投资协定,它体现出了更高的投资保护和自由化水平,主要体现在以下几个方面:对投资定义和税收条款实施宽泛解读,设定公正和公平的最低待遇标准,将最惠国待遇和国民待遇扩展至市场准入阶段,以及对透明度设置更高要求。

(二)双边投资协定的特点

作为国际投资规则的主要体现,双边投资协定有别于区域投资协定和多边投资协定,体现在以下三个重要特征上。

第一,双边投资协定的磋商只关乎两个主体,即资本输出国与资本输入国。这种双边性质让协定内容更加便于取得一致同意,由此促进了协定的签署流程。

第二,相较于需要协调多方面利益的区域投资协定与多边投资协定,双边投资协定仅需平衡签约双方的利益,实施及管理过程更为便捷和高效。

第三,双边投资协定的主要特征是针对性强,能够适应两个主体的特别状况和互惠需求。该协定的谈判者可以根据各自的经济、政治环境以及需求,有效确定谈判议题,并针对核心领域中的特殊利益进行考量,从而方便地制定相应的豁免条款,有利于排除不利因素,更明确地阐述关切问题,从而更有效地促进双方经济发展。

然而,双边投资协定的局限性也不容忽视。

第一,大量双边投资协定之间存在内容的重复甚至产生矛盾,由此导致国际投资规则的管理混沌不明,无法为投资者提供持久稳定、标准化以及可预测性的政策环境,亦难以解决国家间的投资争端,从而增加了投资者和政府的不确定性。

第二,双边投资协定常常过分集中于特定议题,在对投资者的约束方面存在不足,特别是对于劳资关系和环境保护责任的条款规定明显不充分。因此,仍需通过其他手段规范跨国公司等投资主体的行为。在经济全球化和各种经济活动相互影响的背景下,仅限于两国之间的双边投资协定显然存在运作上的局限。

第三,构建全面的双边投资协定网络,需要签署数量庞大的协定,执行成本极其高昂,此举无疑增加了各国管理的压力。根据联合国贸易和发展会议的统计,要在全球近 200 个国家间建立完善的双边投资协定网络,可能需签署约 20000 份协定。然而,即便实现了此目标,双边投资协定网络中的国家仍存在差异,后续还可能面临不确定性问题。

第四,由于存在实力的巨大差距,发展中国家与发达国家之间的双边投资协定并未能够充分保障发展中国家的利益。此外,各种政治经济因素强烈影响着投资谈判,这进一步削弱了发展中国家在谈判中的代表性和影响力。

(三)当前双边投资协定的发展

1. 双边投资协定总数继续增加,但年度新增数量递减

2022 年各国共缔结了 15 项新的国际投资协定,其中 10 项属于双边投资协定,新增双边投资协定数量继续下降。双边投资协定的签订数量下降,展示了国际投资协定谈判的焦点从双边逐渐转向区域层面的变迁,即新签订的双边投资协定数量稳步递减,同时越来越多的国家正不断强化对区域层面投资政策的制定。

2. 内容趋于复杂化与精致化

双边投资协定的内容复杂化表现在定义部分的丰富,以及对公正和公平待遇规则、税收规则等方面的详尽规定。此外,双边投资协定中包含了数量众多的例外条款,并对投资者和东道国的争议解决机制进行了细致规定,脚注和附件都被考虑在内。精准化主要体现在一些重新签订的双边投资协定中,例如,多数国家对投资定义进行了扩增与明确,基于新增的投资定义可以确定仲裁机构是否拥有案件的管辖权。

二、区域投资协定

(一)区域投资协定的内容

随着对外直接投资的加速增长,拥有一套全面且具法律效力的国际投资规则的需求显得尤为迫切。近年来,作为多边投资协定的补充和过渡形态,区域投资协定的发展活跃度空前上升。具体而言,区域投资协定是由区域性国际经济组织签订的,其主要目标在于协调其成员国之间的

投资活动的区域性多边条约。此类协定主要涉及投资政策自由化、待遇准则，以及诸如不当支付、限制性商业习惯、信息透明度、转移定价、环境保护、就业和劳资关系等与外国投资者经营相关的问题。实际上，对于当前大多数的区域自由贸易协定而言，基本上也同样扮演着区域投资协定的角色。

（二）区域投资协定的特点

区域投资协定相较于双边投资协定具备更显著的优势，且更加契合经济一体化的发展方向。

首先，区域投资协定的覆盖内容更为广泛。投资的自由化和保护条款的领域不仅持续扩大，其影响范围也已扩展至贸易、服务、知识产权以及竞争政策等，如北美自由贸易协定（NAFTA）。鉴于不同区域的发展水平存在差异，面临的问题亦各不相同，区域投资协定在内容上表现出多样性。

其次，区域内各成员国之间利益的平衡更为合理。从区域投资协定涵盖的成员国来看，他们在政治、经济、地缘政治以及文化传统等多个方面具有共性，这大大简化了制定统一的投资规则的过程。

最后，大多数区域投资协定具备法律约束力，并呈现出多边投资协定的雏形。这些协定是由成员国通过集体磋商达成并签署的，建立在国际法的基本准则之上，目的是加强对投资的保护，并促进投资的自由化。这些协定对所有成员国及其公民均具有法律效力。目前，具有法律约束力的区域投资协定的典型代表包括 NAFTA、欧盟投资协定等。

虽然与多边投资协定相比，区域投资协定可能是次优选择，但由于其具有较低的谈判成本、高度的灵活性、满足特定成员国的独特需求以及推动一体化的潜在收益等特点，它逐渐获得了成员国的青睐。

区域投资协定也存在局限性，主要表现在以下两个方面。

一是，由于内容上的冲突与排他性，区域投资协定大大增加了国际投资规则管理的复杂性。因此，不同区域的经济一体化程度存在差异性，这导致国民待遇标准、争端解决机制及投资保护措施等方面的规则不一致。例如，NAFTA 通常包含准入前国民待遇，而欧盟投资协定则不包括此项待遇。当一个国家同时签订两种不同模式的投资协定时，可能会导致待

遇不一致,从而引发投资扭曲和法律冲突。在投资自由化方面,NAFTA
推行的是自上而下的制度体系,而欧盟投资协定则采用自下而上的制度
体系。这种制度间的差异可能会引发规章冲突,并增大整合国际投资规
则的复杂性。另外,区域投资协定对非成员国家具有排他性,这与国际投
资规则强调的稳定性和一致性产生了矛盾,为投资决策制定带来了更多
的不确定因素。

二是,区域投资协定可能加剧边缘化问题。不同区域组织之间存在
显著的政治和经济分歧。相对于发达国家,非洲和拉丁美洲的区域组织
成员国大多遭受着较低的经济发展水平、不完善的政治体制和有限区域
资源等困扰,从而在受保护的区域市场中步履维艰。这些经济落后且政
治不稳定的区域面临着吸引大规模投资的困难。如果这些国家未能加入
未来的多边投资条约,那么它们与发达国家之间的经济鸿沟可能会进一
步拉大。这不仅使单个国家面临被边缘化的风险,也可能导致整个区域
遭受同样的威胁。

(三)当前区域投资协定的发展

目前,区域投资协定主要包括欧盟投资协定、中国—东盟自由贸易
区、TPP、跨大西洋贸易与投资伙伴协定(TTIP)以及 RCEP,尤其引人关
注的是后三个协定。在国际投资领域,TPP 的新规则主要体现在投资开
放领域的扩展以及投资争端解决机制的严格性;TTIP 则加入了投资自
由化和保护条款,并以双方现有的最高投资自由化水平和保护标准作为
基本条件,暗示该协定的谈判可能会模仿美欧贸易与投资协定中已有的
国际投资规则;RCEP 的投资议题则主要涵盖了投资刺激、保护、便利化
以及自由化。

三、多边投资协定

二战后,尽管全球各国都在努力构筑全面的多边投资规则体系,但多
边投资协定相对于双边投资协定和区域投资协定而言,发展步伐较慢,其
推行也面临重重困难。其中,失败案例也屡次出现,最具象征性的即为联
合国经济和社会理事会在 1982 年提出的《跨国公司行为守则》以及

OECD 在 1995 年至 1998 年间起草的《多边投资协定》。尽管如此,仍有一些已生效的多边投资协定存在,如世界银行在 1992 年通过的《外国直接投资待遇指南》和 1965 年的《解决各国与其它国家国民之间投资争端的公约》(ICSID 公约)等,它们为投资争端的调解提供了全面而便捷的框架。同样,国际劳工组织在 1977 年制定的《关于跨国公司和社会政策的三方原则宣言》涉及了一系列的劳工问题,世界银行在 1985 年通过的《多边投资担保机构公约》(MIGA 公约)利用多边机制弥补了国家和区域投资担保的不足,从而增强了外商直接投资的法律保障。2016 年,《G20 全球投资政策指导原则》(2016 年)提出了九大投资新原则。

在众多的国际投资法规中,真正具有约束力的多边投资协定仅限于 ICSID 公约、MIGA 公约以及《世界贸易组织协定》(WTO 协定)。ICSID 公约主要负责调解投资接收国与外国投资者之间的投资争议,而 MIGA 公约则提供了规则,以确保国际投资的政治风险得到保障,这两个公约都是针对解决特定的国际投资问题而设立的国际条约。就 WTO 协定而言,虽然《与贸易有关的投资措施协定》《服务贸易协定》《与贸易有关的知识产权协定》等协定均直接涉及国际投资,但 WTO 协定并非致力于处理投资问题,它仅针对与货物贸易有关的投资措施和服务贸易。这些协定并非通用且全面处理投资问题的多边投资协定。因此,制定具有全面约束力、具备全球性影响力的多边投资协定仍然是国际社会未能实现的追求,全球性多边投资协定的制定任务依然艰巨。

相对于双边和区域投资协定,多边投资协定的优势主要体现在以下几个方面。

第一,多边投资协定能够有效弥补当前国际投资规则的不足,如规则间的重叠、冲突、不一致性、不连续性以及约束力等。对现行的国际投资规则进行深入剖析,我们可以发现,由双边投资协定和区域投资协定构成的投资体系,存在着规则冲突和内容重复的问题,且这些协定的应用范围仅局限于两国或区域内,从而导致法规适用范围狭窄,连续性较差。这种状况极易被两国政治经济关系的变动所影响。因此,需要引入全方位的多边投资规则来实现投资规范的整合。

第二,相较于双边和区域投资协定,多边投资协定具有更强的约束力和更高的条款一致性。双边投资协定主要反映的是缔约双方的利益,其本质是一种互惠性的临时性安排。然而,在投资规则的确定性和稳定性层面,它显示出一定的局限性。这种协定倾向于为资本输入国设定义务性条款,而对投资者在东道国的约束及责任规定相对较少。由于其固有的功能性障碍,双边投资协定无法解决全球范围内的复杂投资问题,因此,即使签订了数量众多的双边投资协定,也难以对全球投资行为做出有效规范。

区域性投资协定相较于双边投资协定在规制范围上更广泛,且在保护和待遇的规则适用上拥有更广阔的范围,也更具促进投资自由化的能力。然而,各区域投资协定间存在实质性规定差异,且投资规则模式并不统一,其在弥补双边投资协定不足方面的效能仍然有限,未能全面解决全球性的投资问题。

第三,多边投资协定在稳定性和透明度上表现更优,能构建一个对商业交易和投资活动更加协调、预测性更强的政策环境。相较于双边投资协定及区域投资协定,其争议解决机制更为公正且效率更高。

四、当前国际投资协定的新变化

(一)国际投资协定重视投资和投资者的利益

目前,国际投资协定的覆盖范围正在不断扩大,涉及外资准入、投资者待遇、环境政策、劳工条款以及企业社会责任等方面;而且还宽泛定义了投资以及投资者。随着投资开发程度逐渐提高,国民待遇和最惠国待遇条款的适用范围也在不断扩大,公平和公正待遇的细化条款也在持续深化。国际投资的发展正从“单一化”向“广泛性”的约定转变,涵盖知识产权、投资争端解决、环境、劳工以及人权问题等多个方面。

(二)劳工标准、环境、社会责任等成为重要规则

在 2004 年的美国双边投资协定模板中,首次特设劳工问题条款,扩展了劳工权益保护领域,提升了劳工保护力度,强化了法规的执行,完善了磋商机制。该模板在 2012 年版中进一步细化了这些条例,将劳工和环

境标准提升至行政优先层级,并引入了解决环境与劳工标准疑义的协商程序。此外,亦要求签约成员国不应为了吸引投资而削减或弱化国内环境及劳工法律的实施力度,并且承诺遵循国际劳动组织的相关协定。在环境条款上,明确指示不能因推动投资而削弱国内环保措施。在近期签署的双边投资协定和区域投资协定中,环境、公共卫生和劳工权益问题日益成为谈判的必要条件。加拿大与欧洲联盟的全面经济与贸易协定(CETA)明确规定,签约方在其主权领土内拥有设定法规以及维护合法公共目标的权利,这包括公共卫生、民众安全、环保、公共道德以及文化多样性等领域。CETA还为欧盟和加拿大政府制定最高环保标准提供了依据,并倡导建立跨国环保规范的协作机制,保证环境与劳工问题得到有效解决。在区域投资协定层面,2018年签订的全面与进步跨太平洋伙伴关系协定(CPTPP)以及美国—墨西哥—加拿大协定(USMCA)都将空气质量保护、海洋环保、海洋捕捞规范、动植物健康检疫标准以及劳工的自由结社和集体谈判权等社会责任条款纳入其中。一定程度上,这些条款预示着未来国际投资协定法规设定的发展趋势。

(三)投资自由化程度进一步提升

当前,全球正实施"负面清单+准入前国民待遇"的对外投资管理策略,以推动自由化程度在时间与覆盖范围两个维度上进一步提升。在过程阶段上,最新一代的投资规则扩大了国民待遇的应用范围,将其从"市场准入后的强制实施"扩宽至"准入前后的强制实施",由此提高了投资的开放程度与自由化水平,并有效降低了外来投资者的成本。在覆盖范围上,采取了负面清单的例外形式。相较于正面清单的列举式许可,负面清单形式下投资的自由范围得以显著拓宽。

(四)扩大东道国监管权限

在规则制定过程中,主要通过引入例外条款和豁免来扩大东道国监管权,包括国家安全利益例外条款、普遍性例外措施以及金融审慎例外措施等。最新的策略也将一些本国特有且较为敏感的领域,如国债和税收,从国际协定的适用范围中排除。这一举措旨在通过提升对敏感领域的自主性判断,实现国家经济主权的合理性。此外,这类策略也可以包括运用东道国公共利益保护的监管权,通过适当的自由裁量权,确定具体的例外条款内容,来实现国家的政策性保护。

(五)投资者权利和投资者义务同步明确,做到权责对等

在责任层面,倡导可持续发展的准则,强调外商投资对关键领域的可持续性发展,期望能通过投资行动对社会进步产生良好效果。跨国企业应严格遵守联合国全球契约,在人权、劳工关系、环境保护以及反腐败等关键议题上有明确和具体承诺,并与东道国以及国际社会的利益相关者建立有效的沟通渠道。

(六)投资者投资纠纷解决机制更为有效

依据华盛顿公约的条款,投资者需在申请仲裁前尽可能利用本地法律救济途径。同样,NAFTA、2012 年美国双边投资协定模板以及跨太平洋伙伴关系协定均明确,投资者在处理纠纷期间应首先开展协商磋商,并能临时采取以保护投资者权益为目标的禁止性救济措施。另外,投资纠纷仲裁的合法性得以提升,仲裁流程的透明度也得以增强。比如,相关的仲裁文件及听证会均进行了公开展示。在公正和公平方面,法庭之友,即非争议方且具有仲裁程序实质性权益的第三方,被引入纠纷解决中。除此之外,投资纠纷解决流程中仲裁裁决的上诉机制体系的构建也慢慢引起了重视。总的说来,在最新的国际投资规则管理中,发达国家并没有仅仅专注于对外国投资者的保护,而是更多地通过对投资者责任的约束,来实现对敏感行业和公共利益的全方位考虑。

第四章　中国对外直接投资的政策演变

　　本章主要讨论自改革开放以来,中国对外直接投资政策的演变过程。中国对外直接投资的政策经历了从严格限制、全面放宽到加强监管的演变过程。具体来说,1978—1999 年,中国的对外直接投资政策处于严格限制阶段,对外直接投资的年均增速为 8.7%。然后,从 2000—2016 年,政策转向全面放宽。值得注意的是,2015 年,中国首次成为全球第二大对外直接投资国;2016 年中国对外直接投资流量再创新高,达到 1962 亿美元。2017—2019 年为加强监管阶段:针对前期对外直接投资活动存在的大规模、不平衡的问题,从 2016 年底起,中国政府实施了一系列措施旨在遏制"非理性投资",并按"鼓励发展＋负面清单"模式规范管理企业境外投资活动。在调控下,2017—2018 年中国对外直接投资平均增速为—7.6%。2020 年以来为高质量发展阶段:2020 年以来面临着中国对外直接投资环境的变化,中国对外直接投资的政策相应发生变化,政策侧重于优化投资方式、投资结构和投资布局,鼓励生产性服务业"走出去"。

第一节　严格限制阶段:1978—1999 年

　　在这一阶段,中国的对外投资政策以鼓励吸引外资、限制对外投资为特征,只有国有企业被授权进行对外直接投资,并且不论投资规模大小,均需逐案审批。

一、政策尝试性探索:1978—1989 年

(一)政府正式出台鼓励性政策

自 1979 年改革开放政策实施后,中国对对外直接投资的重视程度逐步提升。1979 年 8 月,国务院颁布了一系列包含 15 项措施的经济改革计划;值得注意的是,第 13 项措施首次明确提出了"批准在海外设立企业"的概念。自新中国成立起,这是中国首次在政策层面上确认了对外直接投资的重要性及其发展趋势。

(二)颁布外汇管理法规

1979 年 3 月,经国务院的批准,专门负责外汇管理的国家外汇管理局正式建立。在这个阶段,对外汇资源进行配置的市场化机制开始逐渐孕育,并且政府也以积极态度指导各企业以引进外资及出口换取外汇。接着,在 1980 年 12 月,国务院发布了《中华人民共和国外汇管理暂行条例》。该条例的发布标志着中国外汇管理相关法律的形成,外汇管理体制的建设也随之启动。

随着"对内搞活、对外开放"政策的深入执行,外汇管理面临的新挑战不断增多。为此,政府连续颁布了一系列外汇管理法规,使得外汇管理制度得以逐渐完善。这些法规包括《对外汇、贵金属和外汇票证等进出境的管理实施细则》(1981 年)、《对侨资企业、外资企业、中外合资经营企业外汇管理施行细则》(1983 年)以及《国务院关于加强外汇管理的决定》(1985 年)。

(三)行政审批流程初步形成

在此阶段,由于外汇储备的稀缺和国际投资经验的不足,中国规定所有的对外直接投资都必须提交至国务院审批,这使得对外直接投资活动受到严格限制。1983 年,国务院设立专门负责管理企业对外直接投资的审批工作的对外经济贸易合作部,审批权的转移彰显出审批流程和管理政策的重大变革。该部门对企业对外直接投资的审批要求是:若中国企业对外设立合资企业的项目,其投资额超过 100 万美元,则中国投资方首

先需向市、省或自治区的政府监管部门申请,之后再将投资项目递交至对外经济贸易合作部审查。该部门会进一步参考中国驻外使领馆和相关政府部门的意见,最后决定是否批准该投资项目。然而,如果投资额低于100万美元,投资方则可以直接向中国驻外使领馆提交审批申请。

为了更有效地规范与指导企业的对外直接投资活动,对外经济贸易合作部陆续颁布了一系列政策法规。例如,1984年颁发了《关于在国外和港澳地区举办非贸易性合资经营企业审批权限和原则的通知》,1985年颁布了《关于在境外开办非贸易性企业的审批程序和管理方法的试行规定》等。

1978年至1989年之间,中国对外直接投资的政策框架初步形成,为企业进行对外直接投资提供了基础性的法律支持。然而,在这一阶段,中国每年对外直接投资的平均流量仅达到5.4亿美元。这一阶段的投资流量较低,主要有两个方面的原因:一是,严格的外汇管理制度对企业的对外投资活动产生了约束。当时,中国的对外贸易规模相对较小,外汇储备规模有限。为了保存有限的外汇资源,用于采购急需的物资、设备和技术,中国实施了严格的外汇管理。企业对外投资所需外汇必须经过国务院专门审批,审批过程烦琐且耗时,这大大抑制了企业的对外直接投资行为。二是,这一时期中国经济仍然具有明显的计划经济特点。作为国民经济主力的国有企业,其生产所需的原料由计划分配,产品销售无须担忧。这使得国有企业具有较低的自主性和市场竞争压力,因此缺乏开展对外直接投资的强烈动机。同时,民营经济还在初级发展阶段,缺乏全球化视野。

二、政策突破性探索:20世纪90年代

(一)政府明确管理职能和管理制度

20世纪90年代后,中国逐步由计划经济向社会主义市场经济转型,市场机制开始在资源配置中发挥重要作用。在这样的背景下,企业在激烈的市场竞争中既需要确保低成本原材料供应,又需要开拓国际市场销售产品,因此有着强烈的对外直接投资的动机。1992年,政府发布了一

系列关于境外股票发行与上市的政策规定。对外经济贸易合作部在起草
的《境外企业管理条例》中,明确规定了政府各部门在对外直接投资管理
方面的职责(见表 4-1)。

表 4-1　各政府部门的管理职能

部门	管理职能
对外经济贸易合作部	制定统一管理境外投资的方针政策
国家计划委员会	项目建议书和可行性研究报告的审批
其他部委及省一级外经贸厅(委)	作为境外企业主办单位的政府主管部门
对外经济贸易合作部授权驻外使领馆经商处(室)	对中方在其所在国开办的各类企业实行统一协调管理

资料来源:曹洪军.中国对外投资学[M].北京:经济科学出版社,2010.

在此阶段,政府继续对对外直接投资政策的相关管理机制进行了完善
和发展,并逐步推出了一系列涉及外派人员管理、财务管理制度以及监管
管理的政策措施。具体包括 1995 年发布的《对外经济合作企业外派人员工
资管理办法》,1996 年推出的《境外投资财务管理暂行办法》,以及 1997 年
出台的《国务院关于进一步加强在境外发行股票和上市管理的通知》。

(二)国家外汇管理体制改革

1994 年,中国开始了外汇管理体制的改革,取消外汇留成制度,使得
外汇管理逐渐步入开放性的改革阶段。这一阶段的改革主要包括实行银
行结售汇制度,使人民币的官方汇率与市场汇率并轨,实行以市场供求为
基础、有管理的浮动汇率,同时建立全国统一且规范的外汇市场。1996
年,中国颁布并实施了《中华人民共和国外汇管理条例》,这一法律形式进
一步巩固了之前外汇管理制度改革的成果。同年 12 月,中国政府宣布接
受国际货币基金组织的第八条款,实现了人民币经常项目的可兑换。

(三)政府出台有关境外加工贸易方面的政策

20 世纪 90 年代,为了推动境外加工贸易的发展,中国出台了一系列
相关政策和法规。如,1999 年发布了《关于鼓励企业开展境外带料加工
装配业务的意见》《关于简化境外带料加工装配企业经营管理人员外派审
批手续的通知》《关于进一步促进境外上市公司规范运作和深化改革的意

见》《关于境外带料加工装配业务的有关出口退税问题的通知》。这些政策和法规的出台,都较好地推动和规范了中国的境外加工贸易。

从上述对外直接投资政策的演进中,我们可以明显看到,政府通过管理职能与管理制度政策、外汇管理改革政策以及对境外加工贸易的鼓励性政策,来积极调整对外直接投资管理政策。尽管如此,总体而言,该时期中国针对对外直接投资的约束仍然严格。例如,1991 年,国家计划委员会提交至国务院的《关于加强海外投资项目管理的意见》中指出:"中国尚未拥有进行大规模海外投资的先决条件。"

这一阶段,中国的对外直接投资流量从 1991 年的 9.13 亿美元激增至 1992 年的 40 亿美元,并在 1993 年进一步增至 44 亿美元。然而,由于 1994 年人民币汇率制度并轨,人民币对美元汇率一次性贬值 50%(由 1993 年的 1∶5.8 贬值至 1994 年的 1∶8.7),其直接结果是 1994 年中国对外直接投资流量降至 20 亿美元,同比下降 50%。随着 1997 年亚洲金融危机的爆发,中国政府出于对国有资产流失和资本外逃的忧虑,对企业对外直接投资的审批进一步收紧。尽管中国在 1997 年和 1998 年的对外直接投资规模均超过了 25 亿美元,但获得审核通过的对外直接投资项目数量却明显下降。

第二节　全面放宽阶段:2000—2016 年

2000—2016 年,中国的对外直接投资政策进入了全面放宽的阶段,从而导致对外直接投资的显著增长。2016 年,中国的对外直接投资流量达到了惊人的 1961.5 亿美元,比 2002 年猛增 72.7 倍。中国在全球外国直接投资流量中的占比也从 0.5% 激增至 13.5%;在全球排名中,由第 26 位跃升至第 2 位。

一、开始起步:2000—2007 年

(一)对外直接投资由审批制转变为核准制

2000 年,中国首次提出了"走出去"战略,这一战略标志着中国逐步从严格限制对外直接投资过渡为鼓励对外直接投资。然而,尽管这一战略在 2000 年被提出,相关的具体实施方案却并未同步启动。国务院直到 2004 年才以官方文件正式宣布实施对外直接投资管理的转型,即从审批制转为核准制;同年,国家发展和改革委员会以及商务部也相继颁布了配套的详细政策。这些政策的改革极大地刺激了中国的对外直接投资流量,从 2003 年的 28.5 亿美元激增至 2004 年的 55 亿美元,而后在 2005 年进一步攀升至 123 亿美元。从此之后,中国的对外直接投资流量持续增长,2007 年甚至达到了 265 亿美元,相较 2002 年增长了 9.8 倍。

根据 2004 年《国务院关于投资体制改革的决定》,中国的对外直接投资制度正式从审批制向核准制过渡。对非政府投资的海外项目,审批制已被废除,取而代之的是根据具体情况的变化,采用核准制或备案制。具体来说,国家发展和改革委员会的审核标准从原先的中方投资额超过 100 万美元的项目,修改为 3000 万至 2 亿美元的资源开发类项目,以及 1000 万至 5000 万美元的大额外汇使用类项目。超过 2 亿美元的资源开发类项目以及超过 5000 万美元的非资源类大额外汇使用项目需要得到国务院的核准。对于投资额在 3000 万美元以下的资源类项目,以及投资额在 1000 万美元以下的非资源类项目,中央企业只需在国家发展和改革委员会备案,无须通过核准,而地方企业则需要由省级发展改革部门进行核准。

根据《国务院关于投资体制改革的决定》的规定,国家发展和改革委员会于 2004 年 10 月颁布了《境外投资项目核准暂行管理办法》,用以取代 1991 年实施的《关于编制、审批境外投资项目的项目建议书和可行性研究报告的规定》。新规定详细规定了核准程序和条件,具有以下主要特点:首先,审核过程的简化。企业对外直接投资由企业自负盈亏,取消了项目建议书和可行性报告的双重审核流程。其次,核准效率的提高。国

家发展和改革委员会的批复周期从原先的 60 天压缩至 20 个工作日(最多可延长 10 个工作日),并且对各环节的回复时间进行了严格规定。

2003 年,商务部发布了《关于做好境外投资审批试点工作有关问题的通知》,并选择北京等 12 个省市为下放对外直接投资审批权限、简化审批流程的改革试点地区。根据该规定,企业开展境外投资,无须再以增加外汇收入等国家利益为前提,而应根据企业的自身发展需求来决定。在寻求投资的经济效益方面,也无须征询政府的意见。2004 年,商务部推出了《关于境外投资开办企业核准事项的规定》,替代了原先的《对外经济贸易部关于在境外设立非贸易性企业的审批和管理规定(试行稿)》。

(二)进一步调整和改革外汇管理体制

在这一阶段,中国对外汇管理的管控逐步放宽。自 2001 年起,政府逐步放开了对企业保留外汇收入的限制,这为企业根据其业务需求自主决定留存的外汇收入提供了可能。2007 年,政府正式宣布终止强制性的结售汇制度,并在随后的 2008 年修订的《中华人民共和国外汇管理条例》中,明确以法律形式确认取消强制性的结售汇制度,这一系列变化标志着中国从强制性结售汇向自愿结售汇模式转变。2003 年之前,中国一直沿用 1989 年颁布的《境外投资外汇管理办法》;为了支持"走出去"战略,自 2003 年起,政府逐步放宽了对企业对外直接投资的外汇管理。2002 年底,国家外汇管理局宣布废止境外投资汇回利润保证金制度,并于 2003 年 7 月宣布退还所有已经收取的境外投资汇回利润保证金,同时允许境外企业使用其利润进行境外增资或于境外进一步投资。同年,国家外汇管理局对外汇来源的审查流程进行了简化,并下放了对境外投资项目的外汇来源审查权。自 2006 年 7 月起,地方外汇管理部门确定的境外投资购汇额度不再需要国家外汇管理局的审查,对于外汇资金来源的审查也随之放松。

二、大规模发展:2008—2016 年

(一)放松对外直接投资限制

2008 年的全球金融危机导致众多发达国家的公司面临资金短缺、市场萎缩和经营困境等一系列挑战,而这为寻求跨国运营的中国企业提供了独特的机遇。据联合国贸易和发展会议 2009 年的数据,在 2008 年,中国的对外直接投资较上年同期增长 111%,达到 559 亿美元,到 2009 年,这一数据更是进一步攀升至 565 亿美元。然而与此形成鲜明对比的是,全球范围内的对外直接投资在同期却遭遇了高达 14% 的降幅。

为适应对外直接投资不断增长的需求,国家主管部门在 2009 年和 2011 年逐步放宽了对企业的境外直接投资限制。根据商务部于 2009 年 3 月发布的《境外投资管理办法》,商务部将核准权下放,并推出了其他投资便利化措施。具体而言,中方需由商务部审批的投资项目应超过 1 亿美元;对于地方企业的境外投资以及能源和矿产类的境外投资,如果投资额在 1000 万美元至 1 亿美元之间,地方商务部门将负责审批。对于其他类别的投资,企业仅需要在"境外投资管理系统"中依规定完整填写申请表即可,相关部门在 3 个工作日内完成备案。此外,商务部提出了三项便利化的对外直接投资措施:首先,除了超过 1 亿美元的项目以及特定的对外直接投资和能源、资源类投资外,绝大部分投资在核准过程中取消了征求驻外使领馆经商处室意见的环节;其次,简化了核准过程中的审查内容,不再针对目标国家的环境和安全状况、投资分布以及导向政策进行审查;最后,中国企业控股的境外企业在进行境外再投资时,只需在完成法律程序后一个月内向商务主管部门报备即可。

2011 年,国家发展和改革委员会进一步下放了对境外投资项目的核准权限:若地方企业实施的中方投资额低于 3 亿美元的资源勘探类项目,以及低于 1 亿美元的非资源勘探类投资项目,由所在的省级发展和改革委员会进行审批。若投资东道国属于尚未建交的国家或是受到国际制裁的国家,或是面临战乱等不稳定情况的国家和地区,以及涉及基础电信运营、跨境水资源的开采和利用、大型土地开发、主干电网、新闻媒体等敏感

行业的境外投资项目,无论其投资规模如何,都需经过省级发展和改革部门或中央企业初步审核并报送给国家发展和改革委员会审批,或通过国家发展和改革委员会审核后报送给国务院审批。而由中央企业实施的上述投资项目,可由企业独立决策并报送至国家发展和改革委员会。中方投资额超过 3 亿美元的资源勘探类项目,以及超过 1 亿美元的非资源勘探类境外投资项目,都需要由国家发展和改革委员会进行审批。

2014 年 4 月,国家发展和改革委员会颁布《境外投资项目核准和备案管理办法》(简称"9 号令"),同年 9 月,商务部发布了修订后的《境外投资管理办法》。这些政策法规的实施标志着中国在对外直接投资方面正式实行"以备案为主,核准为辅"的新管理模式。在备案制下,潜在投资主体只需要提交相关材料,到当地政府主管部门办理备案即可。一般情况下,如果资料齐全、内容真实,合法,三个工作日内就能获得备案。2014 年 9 月至 2016 年 9 月 8 日,商务部与各地方商务主管部门共同完成了 21175 件境外投资的备案及核准工作,这些案件中,仅有 110 件需要经过核准程序,占总数的 0.5%,而剩余的 99.5%仅需备案。这种便利化的流程有利于推进企业"走出去"。

相较于核准制,备案制具备以下三个显著特点。一是,适用范围广泛。通常,境外投资项目都实行备案制,只有涉及特定敏感国家、地区或行业,或者中方投资额超过 10 亿美元的项目,才须经过国家发展和改革委员会的核准。此外,"9 号令"对已在境外设立的中资企业的再投资有较为宽松的制度安排,这类企业若要在境外实施再投资项目,相关核准或备案手续可以免去。二是,流程进一步优化。对于需要国家发展和改革委员会备案或由该委员会向国务院汇报备案的项目,地方企业可以直接向所在省份的发展和改革部门提交项目申请报告,无须遵循县、市、省的顺序进行层级申报。此后,省级发展和改革部门在对项目申请报告进行审查并给出意见后,再将其上报至国家发展和改革委员会备案。三是,保证了时效性。相较于核准制,备案制的流程更为简化,备案要求更为简单,操作效率也显著提升。尤其是随着"9 号令"的实施,备案制的全流程办理时间有了明确的法规规定。对于一般的对外直接投资项目,若该项目符合国家境外投资政策,则国家发展和改革委员会收到项目信息报告后必须在 7 个工作日内出具确认函。

（二）专项资金支持政策

在放松对企业对外直接投资限制的同时，中国还加大了资金支持力度，各类资金主要包括政策性贷款、财政补贴和专项基金以及与国内外机构合资设立的产业投资基金和发展基金。

三大政策性银行牵头建立对外投资支持基金，其中有些基金是由中国与外国共同出资建立的，旨在为中国企业对特定国家或地区的投资行为提供资金支持。以中国进出口银行、中国农业发展银行以及国家开发银行为代表的三大政策性银行，由政府发起并出资设立，其主要目标是执行和配合国家的特定经济政策，三大政策性银行作为中国"走出去"战略的重要践行者，为中国企业的对外直接投资活动开展财务融资和信贷业务。

2012 年，中国进出口银行与美洲开发银行共同出资设立了 10 亿美元的基金，主要用于支持企业在拉美地区就基础设施和大宗商品等自然资源领域进行股权投资。2014 年，中国国家开发银行与法国国家投资银行分别向一只私募股权基金注资 1 亿欧元，设立中法中小企业基金，该基金的投资对象主要是法国和中国的中小企业。

随着共建"一带一路"的全面展开，丝路基金也迈向新的发展阶段。2014 年 9 月 29 日，丝路基金有限责任公司在北京注册成立。该公司是由外汇储备、中国投资有限责任公司、中国进出口银行以及国家开发银行联合出资创立的，分别出资 65％、15％、15％、5％，出资额共计 400 亿美元。丝路基金是一个按照市场化、国际化和专业化原则建立的中长期开发性投资基金，其投资范围并不局限于基础设施建设，而是面向所有有潜在投资价值的项目。通过多种以股权为主导的市场化策略，该基金专注于投资基础设施、资源开发、产业合作以及金融合作等领域；其重点是探寻共建"一带一路"中的投资机遇，并提供相应的投资和金融服务，以实现合理的财务收益和中长期的可持续发展。在地方层面，若干省份已经开始出台地方版的资金扶持方案。例如，福州市政府、中国国开行福建分行及中非发展基金联手设立了总规模近 100 亿元的基金，此基金将以市场化方式运行，以支持企业在 21 世纪海上丝绸之路的建设中发挥积极作用；同时，广东省政府有计划组织设立 21 世纪海上丝绸之路建设基金。

针对不同投资领域或特定投资主体,国家有关部门还设立了各项专项资金:市场开拓资金,用于支持中小企业进行国际投资活动,以规避海外市场风险与政策风险;矿产资源风险勘查专项资金,用于扶持高风险的资源类勘查活动;对外经济技术合作专项资金,旨在鼓励有比较优势的企业,积极进行各种形式的国际经济技术合作;纺织企业"走出去"专项资金,为支持有竞争力的纺织企业"走出去"。

为了助力共建"一带一路",2014 年 4 月,财政部和商务部联合发布了新修订的《外经贸发展专项资金管理办法》。在国别方面,优先支持中国企业对拉美、非洲、中东、东欧、东南亚、中亚等地区的共建"一带一路"国家市场的开拓。在行业方面,重点支持高新技术产业、先进制造业、国际资源开发、基础设施投资等领域的国际交流与合作。此外,随着审批职能的减少,政府相关部门的职能转向鼓励和规范中国企业对外直接投资,尤其是加强政策引导和完善对外投资服务体系。

第三节　加强监管阶段:2017—2019 年

2016 年出现的大规模且不平衡的对外直接投资行为,致使 2017 年成为中国对外直接投资政策由宽松转向强化监管的重要转折点。自 2016 年末起,中国政府为抑制非理性投资,采取了一系列临时性措施。随着临时性措施的实行,长期制度的建设也逐渐列入了议事日程。在 2017 年 8 月,国家发展和改革委员会、商务部等机构发布了《关于进一步引导和规范境外投资方向的指导意见》,该意见确切地提出,以"鼓励发展＋负面清单"模式来引导和规范企业的对外直接投资行为,并将对外直接投资行为分为鼓励开展(简称鼓励类)、限制开展(简称限制类)、禁止开展(简称禁止类)。2017 年 12 月,为进一步加强对对外直接投资的宏观引导,国家发展和改革委员会公布了《企业境外投资管理办法》,该条例的目的是推动中国对外直接投资的持续健康发展。

一、2017 年成为对外直接投资政策的转折点

2016 年，全球 FDI 同比下滑了 2％，与此表现不同的是，中国 OFDI 同比增长 34.1％，尤其是非金融类 OFDI 更是实现了 49.3％的增长。此外，2016 年债务工具投资规模创历史新高，为 2015 年的 4.6 倍。从行业看，住宿和餐饮业，文化、体育和娱乐业，以及房地产业，OFDI 表现异常出色，分别增长了 124.8％、121.4％和 95.85％。

在人民币汇率疲软时期，出现如此大规模且不平衡的对外直接投资活动，中国政府开始高度警惕。因此，自 2016 年底起，监管机构开始强化对境外投资真实性的审查，明确指出将重点聚焦房地产、酒店、影城、娱乐业、体育俱乐部等领域的境外投资行为，将其定义为非理性投资。2016 年 12 月 6 日，国家发展和改革委员会、商务部、中国人民银行以及外汇管理局负责人在回答记者关于当前对外直接投资形势提问时，指出监管机构正在密切关注在房地产、酒店、影城、娱乐业、体育俱乐部等领域出现的一些非理性投资的倾向。此外，他们也对大型非主业投资、有限合伙企业对外投资、"母小子大"、"快设快出"的投资模式中潜在的风险表示担忧，并对相关企业提出了需要做出谨慎的投资决策的建议。2017 年成为中国对外直接投资政策从全面放松向强化监管转变的标志性转折点。

虽然中国企业在国际投资领域仍属新兴力量，然而，部分企业在投资活动中所出现的一些显著问题，已对"走出去"战略的实施以及中国作为一个负责任大国的形象产生了不利影响。

一是，未能遵循相关规章执行备案或批准程序，对中国的国际收支平衡和汇率稳定造成了不利影响。大规模的对外直接投资可能会对国际收支产生不利影响，其影响渠道来源于经常账户和资本账户两个方面。经常账户方面，受到出口替代效应和进口效应的双重影响，中国的贸易顺差可能会降低，甚至可能转变为贸易逆差。资本账户方面，随着对外直接投资活动的持续扩大，巨额资本流向国外，可能出现资本账户逆差。同时，一些企业的投资机制不完善，投资亏损居多，投资收益未能有效回流中国。此外，有的企业利用虚假的境外投资开展非法获取外汇、转移资产和

进行洗钱等活动,以对外直接投资的幌子实施资本外逃,手段繁多。

二是,企业盲目的投资决策和过度的债务负担都可能引发巨大的经济损失,进而对国家金融稳定性产生不利影响。中国企业跨国投资经验不足,以及信息获取渠道的阻塞,是造成这种情况的主要原因。综观中国企业的国际战略布局,我们可以发现,大部分企业未设立国际子公司或分支机构,一些公司甚至仅设立办事处。这种简单且分散的全球布局方式,减少了其与政府、企业及工会建立持久稳定的合作关系的机会。当遇到种种挑战时,一些公司仍盲目选择投入过多资金,这导致了大量经济损失,严重影响了企业的经营稳定性。同时,由于许多公司缺乏足够的资金实力来实现其扩张战略,需要依靠大量贷款,这种过度负债使得企业面临巨大的财务压力,可能触发资金流断裂,从而增加了中国的金融风险。

上述各种不规范的投资行为,无疑为后续对外直接投资政策的调整埋下了伏笔。国有企业的投资行为更趋于谨慎。2017 年 1 月,国务院国有资产监督管理委员会颁布《中央企业境外投资监督管理办法》,该办法是专门为中央企业的境外投资设立的监督管理体系。2017 年 12 月,《民营企业境外投资经营行为规范》发布。

二、"鼓励发展+负面清单"的具体内容

针对大规模且不平衡的对外直接投资行为,自 2017 年初以来,相关部门陆续采取了一系列的措施以加强监管(2017—2019 年中国对外直接投资监管措施见表 4-2)。在一系列措施的推动下,中国 2017 年的非金融类对外直接投资同比减少 29.4%。值得注意的是,在此期间,房地产业、体育和娱乐业没有新增的对外直接投资项目。

表 4-2 2017—2019 年中国对外直接投资监管措施

时间	规章名称	内容
2017 年 1 月 7 日	《中央企业境外投资监督管理办法》（国资委令第 35 号）	能力匹配
2017 年 1 月 25 日	《关于规范银行业服务企业走出去加强风险防控的指导意见》（银监发〔2017〕1 号）	共建"一带一路"境外投资审核
2017 年 4 月 27 日	《关于进一步推进外汇管理改革完善真实合规性审核的通知》（汇发〔2017〕3 号）	防止资本外流
2017 年 6 月 12 日	《国有企业境外投资财务管理办法》（财资〔2017〕24 号）	全面的财务监管，以防止国有资产流失
2017 年 8 月 4 日	《关于进一步引导和规范境外投资方向指导意见》（国办发〔2017〕74 号）	"鼓励发展＋负面清单"引导"理性"投资，防止资本外逃
2017 年 10 月 26 日	《对外投资合作"双随机、一公开"监管工作细则（试行）》（商办合函〔2017〕426 号）	事中事后监管，加强风险控制
2017 年 11 月 24 日	《关于加强对外经济合作领域信用体系建设的指导意见》及《关于对对外经济合作领域严重失信主体开展联合惩戒的合作备忘录》（发改外资〔2017〕1893 号）	跨部门联合惩戒失信行为
2017 年 12 月 7 日	《关于完善银行内保外贷外汇管理的通知》（汇综发〔2017〕108 号）	禁止以内保外贷形式资金出海
2017 年 12 月 28 日	《民营企业境外投资经营行为规范》（发改外资〔2017〕2050 号）	反洗钱、维护国家形象
2017 年 12 月 26 日	《境外企业投资管理办法》（发改委〔2017〕11 号）	较为综合性规定
2018 年 1 月 25 日	《对外投资备案（核准）报告暂行办法》（商合发〔2018〕24 号）	各部门信息收集和信息共享制度
2018 年 2 月 11 日	《境外投资敏感行业目录》（发改外资〔2018〕251 号）	负面清单机制
2018 年 7 月 30 日	《中央企业违规经营投资责任追究实施办法（试行）》（国资委令第 37 号）	央企境外投资违规追责

依据"鼓励发展＋负面清单"原则，引导并规制企业的对外直接投资行为是加强监管的重要体现。那些违法不合规、缺乏投资实力、对国内供给侧结构性改革以及实体经济发展无益的投资项目，均被列入禁止类对外直接投资行为（鼓励类、限制类、禁止类对外直接投资行为见表 4-3）。

表 4-3　鼓励类、限制类、禁止类对外直接投资行为

鼓励类	限制类	禁止类
共建"一带一路"建设和周边基础设施境外投资	赴与中国未建交、发生战乱或者中国缔结的双边、多边条约或协定规定需要限制的国家和地区	未经国家批准的军事、工业核心技术和产品输出
优势产能、优质装备和技术标准输出		
与境外高科技技术和先进制造业的投资合作,设立研发中心	房地产、酒店、影城、娱乐业、体育俱乐部等行业的境外投资	运用中国禁止出口的技术、工艺、产品
审视评估经济效益基础上参与油气、矿产等能源资源勘探和开发	无具体实业项目的股权投资基金或投资平台	赌博业、色情业等
农业对外合作,开展农林牧副渔等领域合作	不符合投资目的国技术标准要求的落后生产设备	中国缔结或参加的国际条约规定禁止的境外投资
商贸、文化、物流等服务领域的境外投资,符合条件的金融机构在境外建立分支机构和服务网络	不符合投资目的国的环保、能耗、安全标准	其他危害或可能危害国家利益和国家安全的境外投资

资料来源:《关于进一步引导和规范境外投资方向的指导意见》(国办发〔2017〕74号)。

三、进一步推进"放管服"改革

《企业境外投资管理办法》(简称新办法)于 2017 年 12 月 26 日由国家发展和改革委员会颁布,该新办法推出了八项改革措施,旨在对"放权、管制和服务"三个方面进行创新改革,以强化对境外投资的宏观指导,优化境外投资的全方位服务和全程监管机制。新办法自 2018 年 3 月 1 日起正式实施,并同时废止了"9号令"。

在企业境外投资便利化方面,新办法做出了两项重要的调整。一是,废止了项目信息报告制度。按照之前的"9号令"规定,中方投资额达到 3 亿美元及以上的境外并购或竞标项目,在实质性操作之前,投资实体必须向国家发展和改革委员会提交项目信息报告。国家发展和改革委员会收到项目信息报告后,对于符合国家政策的项目,应在 7 个工作日内出具确认书。新办法取消了此项规定,进一步精简了事前管理程序,从而降低了制度性交易成本。二是,撤销了地方初审和转报环节。根据"9号令"规

定,地方企业申请核准、备案的材料,都必须由省级发展和改革委员会提交至国家发展和改革委员会。新办法撤销了地方初审和转报环节,属于国家发展和改革委员会核准、备案范围的项目,地方企业可以通过网络系统直接向国家发展和改革委员会提交相关申请材料,从而简化了流程。此外,新办法还延长了投资主体实施核准、备案手续的最后期限。

新办法进一步强化了对境外投资的监管力度,扩大了其监管范围,包括国内企业及个人通过其所控制的境外企业进行的境外投资。新办法新增了项目完成报告、重大不利事件报告、重要事项询问及报告等各项制度,以全面优化境外投资的监督管理。同时,新办法提出了针对多种境外投资违法违规行为的应对措施,包括恶意分拆、伪造申报、非法获取许可文件或备案通知、擅自执行项目、未按规定办理变更、不按规定报告、不正当竞争、对国家利益和国家安全构成威胁或损害、非法融资等,提出建立记录,对各类违法违规行为进行联合惩戒。

第四节　高质量发展阶段:2020 年至今

自 2020 年以来,中国企业对外直接投资的环境正在经历新的转变。一方面,欧洲债务危机以及美国金融危机之后,由于经济复苏乏力和投资机会减少,各国对外国投资的审查程序变得更加严格。另一方面,中国经济增速放缓,传统产业竞争激烈,经济结构面临转型压力。为此,中国对外直接投资政策向鼓励生产性服务业"走出去"的方向调整,侧重于优化投资方式、投资结构和投资布局。投资方式正在从原先的单一模式向多种模式转变,投资结构不断优化,投资布局进行调整,积极参与全球产业链和供应链的重塑,以满足国内和国际两个市场的需求,从而提升产业链和供应链的自主可控能力。通过"走出去"战略,攻克至关重要的核心技术,填补技术短板,提升在全球产业链和供应链中的影响力。借助"走出去"战略,强化中国在优势产业领域的国际合作关系,巩固中国在现有国际供应链中的市场份额。在这一阶段,中国对外直接投资政策呈现出以下特点。

一、契合全球经济发展趋势，中国的对外直接投资政策不断完善

近年来，跟随全球数字经济的发展趋势，中国的对外直接投资政策也在相应地与之契合，政策体系不断完善。近年来，商务部等政府部门为引导企业开展合法合规的对外直接投资，先后就对外直接投资出台多项具有指导意义的政策文件（2020 年以来中国对外直接投资监管措施见表 4-4）。例如，《对外投资合作绿色发展工作指引》提出十项重点工作，鼓励企业在对外直接投资过程中推进绿色发展相关活动，在活动过程中履行环境责任，遵循相关规则标准；《数字经济对外投资合作工作指引》提出鼓励数字经济企业加快布局研究中心、产品设计中心，汇聚全球创新要素，加强数字技术领域合作，推动跨境电商企业"走出去"，形成协同效应。

表 4-4　2020 年以来中国对外直接投资监管措施

时间	机关	规章	内容
2021 年 7 月	商务部、生态环境部	《对外投资合作绿色发展工作指引》	推动对外直接投资合作绿色发展
2021 年 7 月	商务部、中央网络安全和信息化委员会办公室、工业和信息化部	《数字经济对外投资合作工作指引》	鼓励企业积极融入数字经济全球产业链
2022 年 1 月	生态环境部、商务部	《对外投资合作建设项目生态环境保护指南》	指导企业在对外直接投资合作中进一步规范环境保护行为
2022 年 3 月	国有资产监督管理委员会	《关于做好 2022 年中央企业违规经营投资责任追究工作的通知》	加大对央企境外违规经营投资问题的查处

二、国际合作机制日臻完善，优化企业对外直接投资环境

在这一阶段，国际合作全面展开，为中国企业的对外直接投资创造了良好环境：一是全面规划对外经济贸易合作区，以实现合理资源配置和降低开发成本。推动对外经济贸易合作区的建设从无计划的扩张式发展模

式转向集约化、精细化的发展模式,以减轻东道国政治环境和政策变动等因素带来的系统性投资风险,提升国际产能合作的安全性和效率。二是深化共建"一带一路"项目实施。通过与亚洲基础设施投资银行、金砖国家新开发银行、世界银行以及其他多边开发机构在共建"一带一路"项目上的协力发展,中外深度合作得以推进;进一步推进与发达国家在共建"一带一路"第三方市场的合作,实现三方共赢。三是构建高标准自由贸易区网络。积极推进与欧洲、亚洲、美洲、大洋洲、非洲等地区或国家的合作(2020 年以来中国签订的经贸合作协定详见表 4-5),通过境外经济贸易合作区、多边合作、双边投资协定、高标准自由贸易区网络等,为中国企业拓展国际合作提供机会,优化中国企业的对外直接投资环境,培养国际竞争新优势。

表 4-5　2020 年以来中国签订的经贸合作协定

时间	合作国家	协定名称	协定主要内容
2020 年 10 月	柬埔寨	中国—柬埔寨自由贸易协定	推进共建"一带一路",加强电子商务、经济技术、服务贸易等领域合作
2020 年 11 月	日本、韩国、澳大利亚、新西兰、东盟等	RCEP	对原有"10＋1"自由贸易协定的投资规则进行整合和升级
2020 年 12 月	欧盟	中欧全面投资协定(CAI)	大幅放宽市场准入、营造公平竞争的营商环境、建立可持续发展及争端解决机制等
2021 年 1 月	毛里求斯	中国—毛里求斯自由贸易协定	加强服务贸易、货物贸易、经济技术等领域的合作
2021 年 1 月	新西兰	中国—新西兰自由贸易协定升级议定书	放宽中资企业审查门槛
2023 年 10 月	塞尔维亚	中国—塞尔维亚自由贸易协定	优化贸易规则,推行促进投资促进的举措

第五章　中国民营企业对外直接投资的发展状况

　　本章首先分别从投资主体数量、投资规模、投资方式、投资来源地、投资目的地等角度讨论民营企业对外直接投资的总体特征,认为民营企业对外直接投资占比远远超过国有企业、外商投资企业和港澳台商投资企业,民营企业已成为"走出去"的主力军。其次分别从海外并购规模、海外并购来源地、并购目的地等角度讨论民营企业海外并购的特征,认为海外并购已经成为民营企业对外直接投资的主要方式。最后,本章从海外绿地投资的项目数量、投资金额、来源地和投资目的地等角度对民营企业海外绿地投资特征进行了讨论,认为从数量和金额来看民营企业海外绿地投资的特征存在较大差异。

第一节　中国民营企业对外直接投资的总体特征

一、从投资主体数量来看,民营企业已成为"走出去"的主力军

　　近年来,受到国内劳动力成本和环境压力等多重因素影响,中国民营企业活跃于拓展海外市场,不断追求技术革新,并积极塑造其国际品牌形象。对外投资审批相关政策的修订,逐步放宽了对民营企业对外直接投资的限制,政府部门对民营企业对外直接投资的态度从限制向鼓励方向

的转变,大大激发了民营企业对外直接投资的积极性。借助自身优势,民营企业通过自有品牌、自主知识产权和自身的营销渠道,积极构建国际产业价值链,实现全球化采购、生产和销售。2012 年 6 月,国家发展和改革委员会、商务部、外交部等八个部门共同发布了《关于鼓励和引导民营企业积极开展境外投资的实施意见》。自 2010 年以来,民营企业在对外直接投资项目数量飞速增加,占比稳步提升(中国各所有制企业对外直接投资数量和占比见表 5-1,中国各所有制企业对外直接投资数量见图5-1)。这表明,民营企业已经成为中国对外直接投资新的动力源泉。从投资主体的角度来看,民营企业的对外直接投资占比已经大大超过了国有企业、外商投资企业以及港澳台商投资企业。2015 年,中国民营企业对外直接投资数量占比最高,达到 89.5%;2022 年,中国民营企业对外直接投资数量达 24801 家,相当于 2007 年的 4.74 倍,占当年总投资数量的 84.7%。

表 5-1　中国各所有制企业对外直接投资数量和占比

年份	民营企业		国有企业		外商投资企业		港澳台商投资企业	
	数量/家	占比/%	数量/家	占比/%	数量/家	占比/%	数量/家	占比/%
2007	5236	74.8	1379	19.7	259	3.7	126	1.8
2008	6724	78.6	1380	16.1	297	3.4	156	1.8
2009	9864	81.7	1624	13.5	368	3.0	216	1.8
2010	10998	84.6	1326	10.2	416	3.2	260	2.0
2011	11167	83.0	1495	11.1	480	3.6	320	2.3
2012	13639	85.3	1461	9.1	536	3.3	358	2.2
2013	13303	86.9	1232	8.1	454	3.0	311	2.0
2014	16501	89.0	1240	6.7	477	2.6	329	1.7
2015	18095	89.5	1165	5.8	562	2.8	385	1.9
2016	21183	86.8	1268	5.2	1175	4.8	776	3.2
2017	21973	86.1	1422	5.6	1280	5.0	854	3.3
2018	23410	86.4	1335	4.9	1347	5.0	999	3.7
2019	23611	85.9	1373	5.0	1465	5.3	1044	3.8
2020	23760	85.2	1491	5.4	1526	5.5	1093	3.9
2021	24211	84.7	1640	5.7	1602	5.6	1144	4.0
2022	24801	84.7	1641	5.6	1660	5.7	1190	4.1

数据来源:各年度中国对外直接投资统计公报。

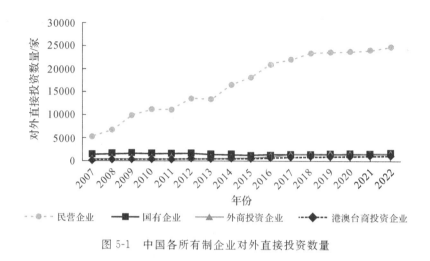

图 5-1　中国各所有制企业对外直接投资数量

二、民营企业对外直接投资规模增速较快,但仍略逊于 国有企业

2008 年金融危机之前,民营企业对外直接投资规模与国有企业存在明显差距,民营企业尚无法与国有企业相比,呈现国有企业为主、民营企业为辅、外商投资企业和港澳台商投资企业占比较小的状态,各所有制企业对外直接投资规模占比见表 5-2。但自 2013 年起,经过多年的海外市场运营和投资,民营企业积累了丰富的经验,大大提升了其自身的竞争力。民营企业的投资活动频繁且涉及领域广泛,从最初的技术采集和在国内市场的立足,逐步过渡到品牌的塑造和海外销售通路的扩建,最后实现对当地市场的成功占领,民营企业的发展历程展现了其逐步增强的市场适应能力。在投资规模上,民营企业对外直接投资增长速度非常快,2015 年民营企业对外直接投资占比最高,达到 47.7%,2020 年民营企业对外直接投资与当年国有企业对外直接投资规模大致持平。近年来,与外商投资企业和港澳台商投资企业的海外投资相比,中国民营企业对外直接投资规模增速比较快,民营企业正以积极姿态融入世界舞台,但与国有企业对外直接投资规模相比稍有逊色,民营企业与国有企业对外直接投资规模占比见图 5-2。

表 5-2 各所有制企业对外直接投资规模占比

单位：%

年份	民营企业	国有企业	外商投资企业	港澳台商投资企业
2007	28.2	71.0	0.8	
2008	29.5	69.6	0.8	0.1
2009	30.2	69.2	0.5	0.1
2010	33.0	66.2	0.7	0.1
2011	36.2	62.7	0.9	0.2
2012	38.8	59.8	1.1	0.3
2013	43.2	55.2	1.2	0.4
2014	44.9	53.6	1.2	0.3
2015	47.7	50.4	1.5	0.4
2016	38.7	54.3	3.5	3.5
2017	42.1	49.1	3.0	5.8
2018	43.5	48.0	3.1	5.4
2019	42.8	50.1	3.4	3.7
2020	46.1	46.3	3.1	4.5
2021	43.9	51.6	2.9	1.6
2022	42.9	52.4	3.0	1.7

数据来源：各年度中国对外直接投资统计公报。

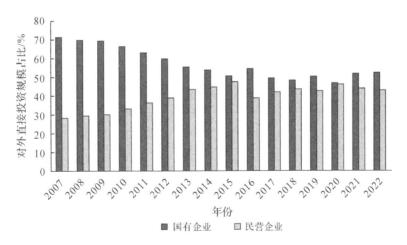

图 5-2 民营企业与国有企业对外直接投资规模占比

三、民营企业海外投资方式以跨国并购为主

以前中国对外直接投资方式以合资为主,但是随着民营企业资本的快速积累,跨国并购的项目数量和金额逐渐增多,跨国并购已经成为主导方式(中国民营企业对外直接投资方式见表 5-3)。以前民营企业的境外布局主要采取简单的方式,如设立办事处、开设"窗口"等,后来逐步发展为更为复杂和专业的方式,包括投资建厂、跨国并购、建立研发机构以及构建战略合作联盟等。当前民营企业在对外直接投资过程中取得了重要成果,随着 2008 年金融危机和 2010 年欧债危机的爆发,一些西方发达国家出于刺激当地经济发展、促进就业的原因纷纷降低投资进入壁垒,欢迎来自中国的企业收购和兼并当地企业。从中国民营企业跨国并购的数量来看,2018 年并购数量达 1036 件,为并购数量最多的年份;从跨国并购的金额来看,2015 年达到最高金额,为 1996 亿美元。

表 5-3　中国民营企业对外直接投资方式

年份	项目数量			金额		
	并购/件	绿地/件	合计/件	并购/亿美元	绿地/亿美元	合计/亿美元
2007	141	107	248	153	51	204
2008	216	123	339	104	74	178
2009	190	157	347	32	24	56
2010	223	173	396	199	67	266
2011	250	193	443	170	131	301
2012	279	184	463	138	68	206
2013	312	173	485	642	44	686
2014	435	194	629	970	231	1201
2015	667	247	914	1996	268	2264
2016	962	367	1329	1995	595	2590
2017	914	340	1254	1553	246	1799
2018	1036	534	1570	1092	398	1489
2019	823	456	1279	802	422	1224
2020	537	238	775	703	305	1008
2021	516	229	745	570	237	807

数据来源:BvD-Zephyr 全球并购交易数据库和英国《金融时报》提供的 fDi Markets 数据库。

四、受经济不确定性因素影响,近年来民营企业投资规模明显缩减

2012 年以后,中国民营企业基本摆脱了金融危机的不利影响,对外直接投资项目数量呈现出强劲的增长态势。然而,自 2019 年以来,全球经济缓慢复苏、一些国家投资保护主义倾向增强等不确定性、不稳定性因素对中国民营企业造成了影响,民营企业对外直接投资项目数量和金额同时呈现下降态势,2021 年民营企业对外直接投资项目数量仅为 2018 年的一半,对外直接投资金额仅为 2016 年的 1/3。在 2017 年政府限制投资政策的冲击尚未完全消减、国际局势变化多端、国际贸易环境不确定性较高的背景下,国内经济下行给企业融资约束带来压力,复杂的国际投资环境对中国民营企业对外直接投资的积极性产生了抑制作用,因此,在开展对外直接投资时,民营企业展现出更为审慎的投资态度。然而,这也反映出民营企业对海外投资的热情并未减退,其投资策略依然稳健。事实上,对外直接投资正逐渐成为中国民营企业发展战略布局的重要组成部分。

五、环渤海地区为主要的投资来源地

本书将中国民营企业对外直接投资来源地划分为五大区域,分别是环渤海地区、长三角地区、珠三角地区、中部地区和西部地区。图 5-3 直观地反映了中国民营企业对外直接投资来源地分布,2007 年、2008 年、2010 年,珠三角地区是主要来源地。从 2012 年开始,环渤海地区开始成为民营企业对外直接投资的主力(除 2018 年外)。

2007—2021 年间,五大区域的中国民营企业 OFDI 金额及合计占比差异较大(见表 5-4),其中环渤海地区为主要来源地,合计占比为 40. 40%;金额规模位居第二的来源地为长三角地区,2007—2021 年间该地区民营企业 OFDI 金额合计在全国民营企业 OFDI 金额中的占比为 29.67%;珠三角地区以 20.99% 的占比位居第三;最后是中部地区和西部地区,2007—2021 年间两个地区 OFDI 金额合计 1156.42 亿美元,在总

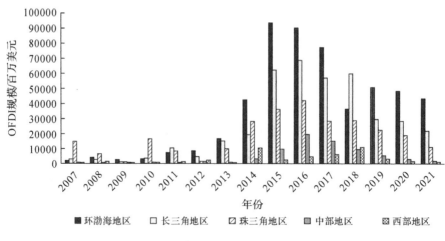

图 5-3　中国民营企业对外直接投资来源地分布

投资中占比分别为 5.40% 和 3.50%。

2021 年,在全球经济放缓和国际投资环境紧张的影响下中国各区域民营企业 OFDI 金额出现了不同程度的下降,其中降幅最大的地区是珠三角地区,2021 年珠三角地区 OFDI 规模下降了 42.06%;其次是中部地区,降幅为 35.84%。

表 5-4　中国民营企业对外直接投资来源地金额及合计占比

单位:百万美元

年份	环渤海地区	长三角地区	珠三角地区	中部地区	西部地区
2007	1932.89	2894.56	14432.06	401.04	245.02
2008	4055.76	2550.46	6353.62	358.07	1246.36
2009	2284.74	933.35	920.33	257.20	600.59
2010	3131.72	3547.35	16371.41	716.97	473.63
2011	7072.57	10244.78	8311.37	452.40	1137.57
2012	8389.57	4388.80	1451.39	1273.38	2226.52
2013	16372.12	14760.49	9660.54	741.55	391.24
2014	42301.66	19128.18	27832.08	3058.45	10205.42
2015	93043.65	61804.00	36105.55	9373.60	2303.13
2016	89779.50	68334.36	41766.78	19451.92	4506.33

续表

年份	环渤海地区	长三角地区	珠三角地区	中部地区	西部地区
2017	76806.13	56711.86	28132.47	14834.09	6079.38
2018	36070.04	59566.52	28292.90	9422.43	10550.41
2019	50239.66	29265.76	22308.97	5123.09	3094.49
2020	47891.30	27894.36	18794.36	2789.21	1491.67
2021	43259.10	21766.45	10889.48	1789.47	1047.47
合计占比/%	40.40	29.67	20.99	5.40	3.50

数据来源：BvD -Zephyr 全球并购交易数据库和英国《金融时报》提供的 fDi Markets 数据库。

六、民营企业对外直接投资集中于发达经济体

无论是从投资项目数量还是投资金额来看，中国民营企业对外直接投资都集中于发达经济体。2007—2021 年间，民营企业共计向发达经济体投资了 8350 件项目，占投资项目数量的 73.99%，投资金额达到 10034.75 亿美元；向发展中经济体累计投资 2516 件项目，占比 22.29%，投资金额达到 2687.49 亿美元；向转型经济体累计投资 420 件项目，占比 3.72%，投资金额达到 545.40 亿美元。

自 2019 年以来，民营企业对外直接投项目资数量出现下降趋势，其中投向发达经济体的项目数量降幅最大，由 2018 年的 1196 件跌至 2021 年的 351 件；在民营企业对发达经济体投资项目数量和金额出现大幅降低的同时，2019 年，民营企业对发展中经济体的投资项目数量呈现小幅上涨，主要原因是受发达国家投资安全审查机制的影响，民营企业在拉丁美洲和加勒比海地区的投资活动增多；对于转型经济体，2019 年，虽然民营企业对转型经济体的投资项目数量保持稳定，但投资金额出现下降，然而民营企业对俄罗斯的投资金额在 2019 年达到 122.77 亿美元（中国民营企业对外直接投资的目的地分布见表 5-5）。

表 5-5　中国民营企业对外直接投资的目的地分布

年份	发达经济体		发展中经济体		转型经济体	
	项目数量/件	金额/百万美元	项目数量/件	金额/百万美元	项目数量/件	金额/百万美元
2007	184	15868.54	57	3926.96	7	570.16
2008	267	10294.28	66	7395.42	6	146.30
2009	291	3899.47	39	1248.08	17	427.30
2010	332	20626.01	51	5299.57	13	723.10
2011	369	18940.41	62	9873.11	18	1892.84
2012	382	16006.26	73	4367.29	13	596.50
2013	422	60131.46	48	998.38	15	7445.45
2014	503	106806.06	110	9740.53	17	3527.46
2015	717	195439.25	169	28787.29	34	2621.51
2016	1069	201212.92	239	57753.88	35	2170.19
2017	996	137803.36	223	29742.57	46	16712.66
2018	1196	111788.85	344	37606.25	50	3119.84
2019	897	84275.18	341	26108.50	48	12948.79
2020	374	10675.76	351	24714.78	50	620.56
2021	351	9707.60	343	21186.48	51	1017.47

数据来源:BvD -Zephyr 全球并购交易数据库和英国《金融时报》提供的 fDi Markets 数据库。

七、民营企业对外直接投资逐渐转向服务业

从项目数量来看,2007—2021 年间中国民营企业对制造业和非制造业的对外直接投资项目数量基本保持在 3∶7 的比例,其中对服务业的投资项目数量始终保持高比例,总计向服务业投资 6706 件,占总投资项目数量的 47.60%。

从投资金额来看(见表 5-6),自 2017 年起,民营企业对服务业的投资金额开始持续下降,2017 年投资金额由 2016 年的 1488.65 亿美元下降为 749.10 亿美元,下降幅度达 49.68%,2020 年和 2021 年分别同比下降

25.97％和20.36％,2021年跌至289.88亿美元,为2014年以来的最低水平。因此从近年来制造业金额在总体金额的占比来看,民营企业增加了对制造业投资金额的比重,2017—2021年制造业金额占比达到29.55％,而2007—2016年制造业金额占比为24.72％。

表5-6　民营企业OFDI产业分布

年份	制造业		服务业		其他行业①	
	项目数量/件	金额/百万美元	项目数量/件	金额/百万美元	项目数量/件	金额/百万美元
2007	85	4394.32	143	15193.89	104	5159.52
2008	98	4458.87	211	7749.17	128	10086.83
2009	91	2674.83	221	2151.35	124	3423.50
2010	92	7412.92	270	18446.19	127	8204.04
2011	138	15433.31	270	12339.20	171	17837.44
2012	139	7417.11	276	8239.49	183	11891.04
2013	123	20801.37	302	29574.09	176	38866.46
2014	223	41922.73	343	66740.44	285	52761.18
2015	298	100708.96	549	108682.32	376	118864.35
2016	384	57302.34	848	148865.52	486	114479.91
2017	391	85265.01	788	74909.99	460	105051.04
2018	451	65134.66	1008	71966.72	544	84178.03
2019	390	55084.99	816	49169.52	455	75983.33
2020	216	23974.78	347	36398.47	212	40473.69
2021	224	21246.78	314	28988.47	207	30508.32
合计	3343	513232.98	6706	679414.83	4038	717768.68

数据来源:BvD-Zephyr全球并购交易数据库和英国《金融时报》提供的fDi Markets数据库。

---

① 其他行业包括农、林、牧、渔业,采矿业,电力、热力、燃气及水生产和供应业,建筑业。

八、民营企业对共建"一带一路"国家投资数量稳中有增

自共建"一带一路"倡议提出以来,中国民营企业积极主动地加强与共建"一带一路"国家的投资合作,对共建"一带一路"国家的投资项目数量和金额在民营企业总投资中的占比呈现出上升趋势,其中数量占比由2013年的16.08%增长至2021年的25.48%,金额占比由2013年的12.66%增长至29.87%。民营企业发展快速并具有较强的投资潜力。

在2014—2021年,中国企业对共建"一带一路"国家的投资项目数量的50%以上来自民营企业,特别是在国内外投资环境恶化的2019年,民营企业和共建"一带一路"国家共计进行339件交易,金额为416.10亿美元,项目数量和金额在共建"一带一路"总投资中的占比分别达到69.04%、69.17%,为历年来最高(如表5-7所示)。

表 5-7　民营企业对共建"一带一路"国家投资情况

年份	项目数量			金额		
	项目数量/件	在共建"一带一路"总投资中的占比/%	在民营企业总投资中的占比/%	金额/亿美元	在共建"一带一路"总投资中的占比/%	在民营企业总投资中的占比/%
2007	52	35.86	20.97	27.35	10.32	13.43
2008	62	39.49	18.29	25.27	8.82	14.17
2009	62	35.63	17.87	14.55	3.04	26.10
2010	73	43.20	18.43	49.40	24.52	18.54
2011	73	39.25	16.48	108.70	36.80	36.14
2012	81	48.21	17.49	43.91	40.11	21.28
2013	78	44.83	16.08	86.79	33.53	12.66
2014	122	53.74	19.40	85.90	27.10	7.15
2015	215	56.58	23.52	295.3	40.45	13.04
2016	294	60.87	22.12	549.33	50.29	21.21
2017	290	66.51	23.13	407.09	18.85	22.63
2018	398	64.09	25.35	359.48	40.47	24.14

年份	项目数量			金额		
	项目数量/件	在共建"一带一路"总投资中的占比/%	在民营企业总投资中的占比/%	金额/亿美元	在共建"一带一路"总投资中的占比/%	在民营企业总投资中的占比/%
2019	339	69.04	26.51	416.10	69.17	34.00
2020	188	63.78	24.26	304.21	63.47	30.18
2021	189	62.48	25.48	241.05	61.28	29.87

数据来源：BvD-Zephyr 全球并购交易数据库和英国《金融时报》提供的 fDi Markets 数据库。

九、国际竞争实力弱，抗风险能力差

民营企业作为备受关注的企业类型之一，具有以下劣势。首先，规模较小，缺少复合型人才，失去很多进入国际市场发展的机会，而且民营企业产权比较单一，一般来讲，产品科技含量较低，国际竞争实力较弱。其次，抗风险能力差。民营企业的跨国投资行为具有盲目性和偶然性，对国外市场、法律环境等因素分析不够全面，获取信息十分困难，没有足够的渠道和手段，对国际市场缺乏深入的调查研究，没有制定完整的战略计划，这些因素造成其自身抵御市场风险的能力不足。

而遭遇危机又会使民营企业的经营雪上加霜，商务部研究所的一项数据表明，中国开展对外直接投资的企业有 65% 处于亏损状态。世界银行估计，开展对外直接投资的企业有 1/3 处于亏损状态，1/3 处于盈利状态，另有 1/3 基本盈亏平衡。根据国务院发展研究中心提供的统计数据，中国企业在海外的投资大约有 60%—70% 未能实现盈利，甚至出现了亏损的情况。相关的调研结果揭示，沿海地区企业的对外直接投资的成功率较低，约有一半的投资未能取得预期效果，真正取得成功的企业仅占所有海外投资企业的约 10%。

第二节   中国民营企业海外并购的特征

一、民营企业在全国海外并购投资中占据重要地位

民营企业海外并购及全国海外并购情况见表 5-8 所示。从项目数量来看,2007—2018 年民营企业海外并购整体呈现增长态势,并于 2018 年达到最高值,为 1036 件,自 2019 年起民营企业海外并购数量呈下降态势,2021 年仅为 516 件,同比下降 3.91%;从金额上看,民营企业海外并购总体波动幅度较大,2015 年达到最高值,为 1996.09 亿美元,此后呈现持续下降的趋势,2021 年民营企业并购金额仅为 570.48 亿美元,未达到 2015 年水平的一半。

表 5-8   民营企业海外并购及全国海外并购情况

年份	民营企业海外并购				全国海外并购			
	项目数量/件	增长/%	金额/亿美元	增长/%	项目数量/件	增长/%	金额/亿美元	增长/%
2007	141	—	153.15	—	331	—	623.3	—
2008	216	53.19	104.26	−31.92	421	27.19	450.02	−27.8
2009	190	−12.04	31.67	−69.63	474	12.59	978.04	117.33
2010	223	17.37	199.08	528.7	439	−7.38	997.10	1.95
2011	250	12.11	170.08	−14.56	519	18.22	1235.83	23.94
2012	279	11.60	138.32	−18.67	506	−2.50	1068.42	−13.55
2013	312	11.83	642.06	364.18	535	5.73	1539.70	44.11
2014	435	39.42	969.67	51.02	726	35.70	6253.94	306.18
2015	667	53.33	1996.09	105.85	1019	40.36	3493.01	−44.15
2016	962	44.23	1994.75	−0.07	1332	30.72	3129.13	−10.42
2017	914	−4.99	1553.47	−22.12	1287	−3.38	4237.81	35.43
2018	1036	13.35	1091.84	−29.72	1403	9.01	2076.00	−51.01

续表

年份	民营企业海外并购				全国海外并购			
	项目数量/件	增长/%	金额/亿美元	增长/%	项目数量/件	增长/%	金额/亿美元	增长/%
2019	823	−20.56	802.05	−26.54	1118	−20.31	1652.70	−20.39
2020	537	−34.75	703.12	−12.33	743	−33.54	1204.16	−37.25
2021	516	−3.91	570.48	−18.86	704	−5.24	1178.12	−2.16

数据来源：BvD -Zephyr 全球并购交易数据库和英国《金融时报》提供的 fDi Markets 数据库。

对比同期全国海外并购投资数据可以发现，民营企业与全国海外并购投资在 2007—2021 年间呈现大体相同的发展趋势。全国海外并购项目数量同样在 2018 年达到最高值，为 1403 件，其中民营企业海外并购项目数量占比 73.84%。在金额方面，2014 年全国海外并购金额达到 6253.94 亿美元后，出现波动下降的趋势。受国内外负面因素影响，2021 年全国海外并购金额仅为 1178.12 亿美元，同比下降 2.16%，但民营企业在海外并购项目数量中的占比仍达到 73.30%。可见，民营企业在全国海外并购中占据重要地位。

二、民营企业海外并购投资来源地集中于东部地区

民营企业海外并购投资来源地分布见表 5-9 所示。从项目数量来看，中国民营企业海外并购投资来源地集中于东部地区。2007—2018 年，东部、中部、西部地区民营企业海外并购项目数量总体呈增长趋势，但自 2019 年起三大区域项目数量均明显下降，2019 年较 2018 年下降的比例依次是 19.8%、26.67% 和 26.92%。

表 5-9　民营企业海外并购投资来源地分布

年份	项目数量/件			金额/百万美元		
	东部	中部	西部	东部	中部	西部
2007	127	10	4	15067.67	233.94	13.39
2008	202	5	9	10083.96	118.46	223.58
2009	170	8	12	2738.23	101.18	327.59

续表

年份	项目数量/件			金额/百万美元		
	东部	中部	西部	东部	中部	西部
2010	205	11	7	19618.36	154.01	135.63
2011	228	10	12	16491.56	157.16	359.28
2012	243	26	10	12288.57	809.45	733.98
2013	287	12	13	63426.07	411.74	368.19
2014	396	27	12	86211.84	1311.66	9443.50
2015	608	32	27	193520.20	5287.92	800.86
2016	852	66	44	185454.10	11731.95	2289.00
2017	803	61	50	138701.20	11384.57	5261.28
2018	924	60	52	95756.75	7210.00	6217.25
2019	741	44	38	77057.91	2655.52	491.57
2020	464	41	32	67531.48	2471.47	309.14
2021	449	39	28	54771.58	2079.16	197.78

数据来源:BvD-Zephyr 全球并购交易数据库和英国《金融时报》提供的 fDi Markets 数据库。

从民营企业并购金额来看[民营企业海外并购来源地分布(金额)见图 5-4],中国民营企业海外并购投资来源地集中于东部地区。2007—2018 年间,东部、中部、西部地区民营企业海外并购金额呈现波动上升态势,各区域的民营企业海外并购金额在 2015 年达到峰值,分别为东部地区 1935.20 亿美元、中部地区 52.88 亿美元、西部地区 8.01 亿美元。自2019 年起波动下降,2021 年分别降至 547.72 亿美元、20.79 亿美元和1.98 亿美元。

三、民营企业海外并购目的地集中于发达经济体

无论是从项目数量来看还是从投资金额来看(民营企业海外并购目的地分布见表 5-10),中国民营企业海外并购目的地都集中于发达经济体。2007—2021 年间,民营企业流向发达经济体的并购项目数量在并购总投资中占比达 86.02%,总计流向发达经济体的并购项目数量合计

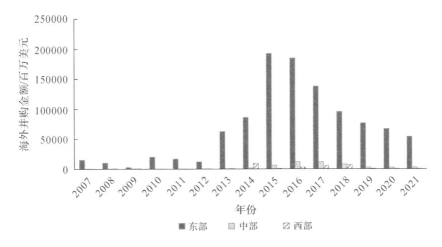

图 5-4 民营企业海外并购来源地分布(金额)

6514 件;流向发达经济体的并购金额合计 10266.87 亿美元,在民营企业海外并购总投资金额中占比为 91.28%。流向发展中经济体的并购项目数量占比为 12.07%,合计 914 件;流向发展中经济体的并购金额合计为 710.99 亿美元,占民营企业海外并购总投资金额的 6.32%。流向转型经济体的并购项目数量占比为 1.91%,合计 145 件;流向转型经济体的并购投资金额合计为 269.22 亿美元,占民营企业海外并购总投资金额的 2.40%。

表 5-10 民营企业海外并购目的地分布

年份	发达经济体		发展中经济体		转型经济体	
	项目数量/件	金额/百万美元	项目数量/件	金额/百万美元	项目数量/件	金额/百万美元
2007	115	14924.36	22	235.32	4	154.96
2008	190	8882.91	24	1542.64	2	0.00
2009	164	2956.59	16	142.45	10	67.50
2010	204	18576.72	15	1331.24	4	0.00
2011	223	15856.56	23	799.62	10	983.84
2012	244	13112.44	32	757.96	8	568.05
2013	284	56475.21	21	312.46	7	7418.65
2014	392	96092.83	34	722.35	10	151.87

续表

年份	发达经济体		发展中经济体		转型经济体	
	项目数量/件	金额/百万美元	项目数量/件	金额/百万美元	项目数量/件	金额/百万美元
2015	592	189430.37	68	8833.39	13	1781.45
2016	866	186715.55	100	13758.04	10	1164.81
2017	779	130238.15	123	15286.05	23	14156.03
2018	891	96820.70	155	15811.67	10	127.64
2019	692	76450.99	125	4565.29	13	140.54
2020	440	66205.76	87	4005.78	10	100.56
2021	438	53947.60	69	2994.48	11	106.47

数据来源:BvD -Zephyr 全球并购交易数据库和英国《金融时报》提供的 fDi Markets 数据库。

与 2020 年相比,2021 年中国民营企业流向发达经济体和发展中经济体的并购项目数量、并购金额均出现下降,流向发达经济体的并购项目数量下降 0.91%,并购金额下降 18.52%;流向发展中经济体的并购项目数量下降 26.69%,并购金额下降 25.25%。2021 年中国流向转型经济体的并购投资数量和并购投资金额较 2020 年有所增长,由此可见,近年来部分转型经济体国家的投资环境更适应中国民营企业并购投资的发展,对民营企业"走出去"的吸引力逐步增强。

四、民营企业海外并购行业集中于服务业

无论是从项目数量还是从投资金额来看,中国民营企业海外并购以服务业为主(见表 5-11)。2007—2021 年间中国民营企业流向服务业合计进行的海外并购项目交易达到 4319 件,占总海外并购投资项目数量的 58.82%;流向服务业的海外并购投资金额为 6424.88 亿美元,占总海外并购投资金额的 57.04%。流向制造业合计进行的海外并购项目交易为 2301 件,占总海外并购投资项目数量的 31.34%;流向制造业的海外并购投资金额为 4042.74 亿美元,占总海外并购投资金额的 35.89%。

表 5-11　民营企业海外并购产业分布

年份	制造业		服务业		其他行业	
	项目数量/件	金额/百万美元	项目数量/件	金额/百万美元	项目数量/件	金额/百万美元
2007	49	662.58	77	14552.15	14	87.66
2008	71	1133.37	124	7056.77	21	2235.41
2009	66	1438.00	95	1339.44	27	389.10
2010	54	3038.07	137	16328.22	33	543.22
2011	93	5416.26	132	10420.84	23	1273.20
2012	101	3526.92	140	7745.98	34	2056.03
2013	99	19732.42	168	29091.38	38	15247.78
2014	165	29927.37	227	63144.57	42	3322.68
2015	209	85987.85	415	106195.11	54	8560.87
2016	285	45515.60	625	143613.73	57	14717.51
2017	299	68975.89	552	70497.65	57	15909.13
2018	323	48349.84	640	63292.81	55	4747.16
2019	266	34651.75	499	43378.99	100	4946.45
2020	115	29847.23	344	37685.71	78	2779.47
2021	106	26071.15	144	28144.47	90	2832.58

数据来源:BvD-Zephyr 全球并购交易数据库和英国《金融时报》提供的 fDi Markets 数据库。

2021 年中国民营企业投向制造业、服务业的海外并购项目数量、投资金额比 2020 年均有下降,投向服务业的海外并购项目数量和投资金额下降幅度超过制造业。投向服务业的海外并购项目数量为 144 件,下降 58.14%,并购投资金额为 281.45 亿美元,下降 25.32%;投向制造业的海外并购项目数量为 106 件,下降 7.83%,并购投资金额为 260.71 亿美元,下降 12.65%。

第三节　中国民营企业海外绿地投资的特征

一、民营企业在海外绿地投资中占据重要地位

伴随着中国市场活跃度的提高和企业自身实力的增强,民营企业海外绿地投资项目数量和金额总体呈现波动上升的趋势,民营企业在中国企业海外绿地投资活动中的地位逐步提升。2012 年以来,中国每年进行海外绿地投资的企业 50% 以上是民营企业,2018 年、2019 年民营企业海外绿地投资项目数量的占比分别达到 63.42%、68.26%。

民营企业海外绿地投资及全国海外绿地投资情况如表 5-12 所示。从项目数量来看,2007—2019 年民营企业海外绿地投资整体呈现增长态势,并于 2018 年达到顶峰,为 534 件,2019 年为 456 件,同比下降 14.61%;从金额上看,民营企业海外绿地投资也保持较高优势,在 2012—2019 年间占比约为 50.61%,特别是在全国海外绿地投资金额出现 33.14% 下降的 2019 年,民营企业却比 2018 年同比增长 6.09%,达到 421.76 亿美元。自 2020 年以来民营企业海外绿地投资呈现下降态势,其下降幅度大于全国海外绿地投资金额的下降幅度。

表 5-12　民营企业海外绿地投资及全国海外绿地投资情况

年份	民营企业海外绿地投资				全国海外绿地投资			
	项目数量/件	增长/%	金额/亿美元	增长/%	项目数量/件	增长/%	金额/亿美元	增长/%
2007	107	—	50.51	—	220	—	311.7	—
2008	123	14.95	74.10	46.71	276	25.45	475.63	52.59
2009	157	27.64	24.08	−67.50	340	23.19	261.62	−45.00
2010	173	10.19	67.41	179.89	354	4.12	198.00	−24.32
2011	193	11.56	130.66	93.84	430	21.47	389.01	96.47
2012	184	−4.66	68.02	−47.95	353	−17.91	114.96	−70.45

续表

年份	民营企业海外绿地投资				全国海外绿地投资			
	项目数量/件	增长/%	金额/亿美元	增长/%	项目数量/件	增长/%	金额/亿美元	增长/%
2013	173	−5.98	43.69	−35.77	322	−8.78	131.63	14.50
2014	194	12.14	231.07	428.89	378	17.39	538.79	309.31
2015	274	27.32	268.03	15.99	483	27.78	530.77	−1.49
2016	367	48.58	594.99	121.99	632	30.85	1103.46	107.90
2017	340	−7.36	245.78	−58.69	576	−8.86	526.77	−52.26
2018	534	57.06	397.55	61.75	842	46.18	924.86	75.57
2019	456	−14.61	421.76	6.09	668	−20.67	615.54	−33.14
2020	238	−47.81	305.02	−27.68	414	−38.02	587.17	−4.60
2021	229	−3.78	237.08	−22.27	378	−8.70	517.63	−11.84

数据来源:BvD-Zephyr 全球并购交易数据库和英国《金融时报》提供的 fDi Markets 数据库。

二、民营企业海外绿地投资来源地集中于东部地区

民营企业海外绿地投资来源地分布如表 5-13 所示。从项目数量来看,2007—2021 年中国民营企业海外绿地投资来源地集中于东部地区,占中国海外绿地投资的 89.74%;中部地区、西部地区项目数量占比偏少,分别为 6.03% 和 4.23%。自 2019 年起三大地区民营企业海外绿地投资项目数量都出现了下降,下降幅度最大的地区为西部地区,由 2018 年的 27 件锐减为 7 件,降幅达 74.07%。

表 5-13　民营企业海外绿地投资来源地分布

年份	项目数量/件			金额/百万美元		
	东部	中部	西部	东部	中部	西部
2007	97	6	4	4652.27	167.10	231.63
2008	100	18	5	6147.61	239.61	1022.78
2009	136	8	13	1978.98	156.02	273.00

续表

年份	项目数量/件			金额/百万美元		
	东部	中部	西部	东部	中部	西部
2010	157	13	3	5840.04	562.96	338.00
2011	163	13	17	11992.47	295.24	778.29
2012	163	13	8	4845.53	463.93	1492.54
2013	161	6	6	4016.14	329.81	23.05
2014	168	17	9	20598.29	1746.79	761.92
2015	217	18	12	21215.05	4085.68	1502.27
2016	315	25	27	49561.71	7719.97	2217.33
2017	310	19	11	20310.38	3449.52	818.10
2018	472	35	27	33209.41	2212.43	4333.16
2019	435	14	7	37105.51	2467.57	2602.92
2020	223	10	5	27314.48	2175.87	1012.56
2021	217	9	3	20858.17	1872.47	977.47

数据来源:BvD-Zephyr 全球并购交易数据库和英国《金融时报》提供的 fDi Markets 数据库。

从海外绿地投资金额来看[民营企业海外绿地投资来源地分布(金额)见图 5-5],中国民营企业海外绿地投资来源地集中于东部地区,东部地区民营企业海外绿地投资金额合计占全国的比重达 85.34%。2007—2019 年,东部、中部、西部地区民营企业海外绿地投资金额呈现波动上升态势,各区域的民营企业海外绿地投资金额在 2016 年达到峰值,分别为东部地区 495.62 亿美元、中部地区 77.20 亿美元、西部地区 22.17 亿美元;进入 2021 年,三大地区民营企业海外绿地投资金额开始出现下降,而下降幅度最大的地区为东部地区,下降幅度达到 23.63%。

三、民营企业海外绿地投资的目的地分布存在差异

民营企业海外绿地投资目的地分布如表 5-14 所示。从投资项目数量来看,中国民营企业海外绿地投资目的地集中于发达经济体。2007—2021 年间,民营企业流向发达经济体绿地投资的项目数量在绿地总投资

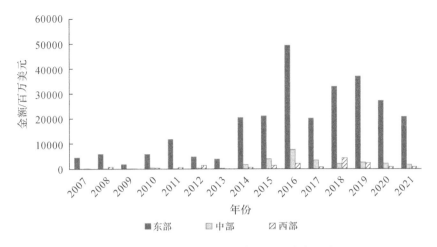

图 5-5　民营企业海外绿地投资来源地分布(金额)

中占比达 58.84%,向发达经济体绿地投资项目数量合计 2186 件;流向
发展中经济体的占比为 34.54%,合计 1283 件,其中位于亚洲的发展中
国家集中了 60.53% 的投资数量;流向转型经济体的占比为 6.62%,合计
246 件,其中约 89.52% 投向独联体国家。

近年来,越来越多的民营企业选择发展中经济体作为海外绿地投资
标的国,2014—2019 年投向发展中经济体的项目数量占比呈波动上升的
趋势,流向发达经济体的项目数量逐渐下降。2021 年,民营企业对发展
中经济体的投资项目数量达到 107 件,自 2019 年起流向发展中经济体的
项目数量开始超过发达经济体。受世界经济局势不确定的影响,民营企
业 2020 年流向发达经济体绿地投资的项目数量在三大经济体中下降幅
度最大,达到 51.71%。

表 5-14　民营企业海外绿地投资目的地分布

年份	发达经济体		发展中经济体		转型经济体	
	项目数量 /件	金额 /百万美元	项目数量 /件	金额 /百万美元	项目数量 /件	金额 /百万美元
2007	69	944.18	35	3691.64	3	415.20
2008	77	1411.37	42	5852.78	4	146.30
2009	127	942.88	23	1105.63	7	359.80
2010	128	2049.29	36	3968.33	9	723.10

续表

年份	发达经济体		发展中经济体		转型经济体	
	项目数量/件	金额/百万美元	项目数量/件	金额/百万美元	项目数量/件	金额/百万美元
2011	146	3083.85	39	9073.49	8	909.00
2012	138	2893.82	41	3879.33	5	28.45
2013	138	3656.25	27	685.92	8	26.80
2014	111	10713.23	76	9018.18	7	3375.59
2015	125	6008.88	101	19953.90	21	840.06
2016	203	14497.37	139	43995.84	25	1005.38
2017	217	7565.21	100	14456.52	23	2556.63
2018	305	14968.15	189	21794.58	40	2992.20
2019	205	7824.19	216	21543.21	35	12808.25
2020	99	5934.16	112	14854.14	27	9714.47
2021	98	2778.17	107	12182.47	24	8747.38

数据来源:BvD -Zephyr 全球并购交易数据库和英国《金融时报》提供的 fDi Markets 数据库。

从投资金额来看,民营企业海外绿地投资标的国以发展中经济体为主。2007—2021 年发展中经济体合计获得 1860.56 亿美元的投资,在民营企业总绿地投资规模中占比达 58.88%,其中有 57.05% 的投资流向亚洲;发达经济体合计获得 852.71 亿美元的投资,占比为 26.99%;转型经济体占比为 14.13%,合计 446.49 亿美元,且其中 90.57% 集中于独联体国家。

2021 年民营企业绿地投资金额持续下降,从统计数据来看,这是因为发达经济体绿地投资额的下降,2021 年民营企业对发达经济体投资额下降幅度达到 53.18%,受发达经济体外资安全审查机制的影响,民营企业对发达经济体的投资受到较大冲击。

四、民营企业对服务业的海外绿地投资呈现数量多、金额小的特点

民营企业海外绿地投资产业分布如表 5-15 所示。从投资项目数量

来看,中国民营企业海外绿地投资以服务业为主。2007—2021 年,中国民营企业向服务业合计进行的绿地投资项目数量达到 2440 件,占总绿地投资项目数量的 53.79%;流向其他行业的绿地投资项目数量合计 1188 件,占比达 26.19%;流向制造业的绿地投资项目数量为 908 件,占总绿地投资项目数量的 20.02%;

表 5-15 民营企业海外绿地投资产业分布

年份	制造业		服务业		其他行业	
	项目数量/件	金额/百万美元	项目数量/件	金额/百万美元	项目数量/件	金额/百万美元
2007	36	3731.74	66	641.74	41	677.54
2008	27	3325.50	87	692.40	34	3392.55
2009	25	1236.83	126	811.91	31	359.57
2010	38	4374.85	133	2117.97	40	247.90
2011	45	10017.05	138	1918.36	55	1130.93
2012	38	3890.19	136	493.36	48	2418.05
2013	24	1068.95	134	482.71	39	2871.31
2014	58	11995.36	116	3595.87	78	7515.78
2015	89	14721.11	134	2487.21	113	9594.52
2016	99	11786.74	223	5251.79	144	42460.06
2017	92	16289.12	236	4412.34	104	3876.90
2018	128	16784.82	368	8673.91	166	14116.21
2019	124	20433.24	317	5790.53	139	15951.88
2020	45	15771.12	119	3857.16	74	10874.56
2021	40	11217.48	107	2223.16	82	10267.54

数据来源:BvD -Zephyr 全球并购交易数据库和英国《金融时报》提供的 fDi Markets 数据库。

与项目数量不同的是,从绿地投资金额来看,除 2016 年以外,2007—2021 年,中国民营企业海外绿地投资集中于制造业,制造业合计获得 1466.44 亿美元的绿地投资,占全部绿地投资额的 46.43%;中国民营企业对服务业的绿地投资合计 434.50 亿美元,占全部绿地投资额的 13.76%。可见民营企业对服务业的投资增量显著,单笔投资金额相对制造业有较大差距[民营企业海外绿地投资产业分布(金额)见图 5-6]。

2021 年中国民营企业流向各行业的绿地投资金额均呈现下滑态势,其中,2021 年民营企业 47.31% 的金额投向制造业,合计 112.17 亿美元,连续三年处于下降态势;52.69% 的金额投向服务业和其他行业,合计 124.91 亿美元。

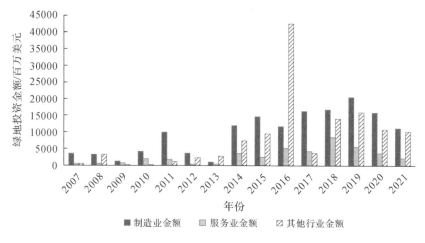

图 5-6 民营企业海外绿地投资产业分布(金额)

第六章　中国民营企业对外直接投资的风险

　　本章首先分别从国家风险、金融风险、经营风险、社会风险四个层面讨论中国民营企业对外直接投资面临的风险,认为国家风险是中国民营企业对外直接投资面临的主要风险。其次,分析各类风险影响中国民营企业对外直接投资的途径,以使中国民营企业正确认识对外直接投资的风险类型和成因。

第一节　中国民营企业对外直接投资的风险类型

一、国家风险

　　国家风险是中国民营企业进行跨国投资决策时要考虑的最重要因素之一,主要的国家风险涉及政治与政策状况,包括政策连续性、执政者、政府状况、政治制度、政治稳定性以及国际关系等因素。国家风险是经营者无法控制的风险,而且一旦出现,损失往往很大,所以国家风险是民营企业对外直接投资最不可预测的风险。

　　中国国有企业是外国政府一直排斥的所有制类型,他们认为这是对本国市场经济中公平竞争原则的破坏,并且认为中国国有企业的对外投资具有不良目的,因此国有企业面临的国家风险一直较为突出和明显。但是随着民营企业的发展和 2008 年金融危机的爆发,民营企业也成为外国政府尤其是西方政府的防御对象,面临的国家风险越来越大。

　　中国民营企业对外直接投资在不同国家遭遇的国家风险有所不同。

在发达国家,2008 年金融危机发生后,发达国家贸易保护主义越来越明显,而且由于中国国际经济地位逐步上升,中国民营企业对外直接投资也就更容易遭遇到东道国政府的政治干预。在发展中国家,国家风险主要表现为安全风险。目前的情况是,资源禀赋丰裕的发展中国家往往面临更为严重的极端国家风险,如政权不稳定、内部冲突和恐怖攻击等。以中东地区为例,该地区一直饱受恐怖事件的困扰,国内政局动荡不安,社会矛盾严重,这使得外商在这些地区的投资活动面临极高的风险。激进的左翼行动者、极端主义分子以及民族主义者常将外国投资与外国势力视为他们的主要攻击目标。因此,当这些地区出现危机时,外资企业往往首当其冲,成为受害者。

（一）国家风险的概念

国家风险的概念起源于政治风险,在新兴国家主权独立运动期间,国有化运动和政治不稳定性引发了政治风险。Root（1968）、Gabriel（1972）、Robock（1971）、Kobrin（1979）、Fitzpatrick（1983）等人研究了这类政治风险对 FDI 的影响,标志着投资风险分析从商业风险领域向国家风险领域的延伸,在随后的时期内,"政治风险"这一概念通常被视作与"国家风险"同义。

"国家风险"这一术语最早于 20 世纪 70 年代出现,其初衷为服务特定的专业领域,尤其是银行业,用以评估与一个国家特定业务相关的潜在风险。"国家风险"概念的兴盛缘于 20 世纪 80 年代国际债务危机的频发。早期文献中通常将国家风险的定义仅限于国际贷款领域,不涉及对外直接投资相关的风险,例如 Kim（1993）将国家风险视为一种信用风险,源自整个国家层面的债权人。Desta 和 Asayehgn（1985）观察到,在分析国际贷款机构时,普遍使用"国家风险"或"主权风险"一词,而不是"政治风险"。当前,对"国家风险"概念的认识已经扩展,相比之下,"政治风险"的定义显得较为狭隘,"国家风险"涵盖了更为广泛的内涵。

经济合作与发展组织（OECD）在 1978 年出版的《官方支持出口信贷的安排》中认为,国家风险至少应涵盖以下要素之一:债务人政府或相关政府机构发布暂停还款指令;由政治或经济形势变动导致的贷款转移被禁止或推迟;法律限制造成资金无法转换为国际通用货币,或者转换后的金额不足以满足到期还款额；外国政府采取的任何阻碍还款行动；以及包括战争、革命和自然灾害在内的其他不可抗力因素。[①] 此外，一些大型国际风险研究机构也都对国家风险的概念进行了比较明确的界定，如欧洲货币（Euromoney）、标准普尔（S&P）、机构投资者（Institutional Investor）、国际国家风险集团（ICRG）、穆迪（Moody's）以及惠誉国际评级（Fitch Rating）等。

中国出口信用保险公司的《国家风险分析报告》中给出的国家风险定义如下：国家风险指的是在国际经济交往过程中可能遇到的由借款人所在国的特定国家行为触发的重大风险，可能导致主权政府、公共与私人部门债务人违约或丧失清偿能力。这类情形能够给境外债权人，如政府机构、金融机构、投资者及出口商带来经济损害或其他类型损失。中国出口信用保险公司对此类风险实施评估，依据的标准涵盖六个核心要素：国家基础情况、政治环境、经济状况、投资环境、双边关系以及综合风险评价。自 2005 年起，相关风险评估报告已经连续 19 年向社会公布。

Nagy(1979)提出的国家风险定义获得了广泛认可。根据他的看法，国家风险指的是在执行跨边界贷款业务时，因特定国家发生的事件引起的损失概率。值得注意的是，这种损失并非由私人企业或个人活动所致，而是源于国家层面的因素。这一定义需要重点强调两个方面的内容：首先，跨边界贷款不仅涵盖向政府、银行、企业等不同实体的贷款，也包括对个人的借贷。其次，损失产生的原因并非属于私人部门或个人层面，而是与国家层面相关，如宏观经济基本面的变化（包含经济金融政策变动）和政治事件，这些事件对私人部门而言均属不可抗力。

在国际层面，尚未形成国家风险的统一定义和精确共识。当前普遍采纳的做法是明确地界定国家风险概念的范围。尽管从不同视角出发对这一概念进行划界，学术界与实务界已在对国家风险的理解上达成了共识。具体而言，国家风险被视为与国家主权、政府行为以及宏观经济相关的一系列风险。这些风险主要可归类为三个主要类型：政治风险、经济风

[①]　经济合作与发展组织. 官方支持出口信贷的安排[M]. 中国出口信用保险公司，译. 北京：中国金融出版社，2015.

险和金融风险。这些风险类型反映了一个国家在政治稳定性、经济发展和金融市场波动方面可能面临的潜在威胁。国家风险具备两个核心特点：首先，此类风险仅在国际经济和金融交易中显现。其次，无论是政府、商业银行、企业还是个人，在参与国际经济和金融活动时都可能承受由国家风险引发的损失。

（二）国家风险的分类

对国家风险的内容进行分类的方法主要有两种。（1）按照引发国家风险的事件性质，可以将国家风险分为政治风险、社会风险、经济风险、金融风险等。本书按照这种分类方法进行讨论。（2）按照国家风险的产生主体或表现形式，可以将国家风险分为主权信用风险、转移风险、银行风险、其他国家风险等。

1. 政治风险

政治风险是影响国家风险的主要因素，也是一个比较容易与国家风险混淆的概念。欧亚集团（Eurasia Group）与普华永道（PricewaterhouseCoopers）将政治风险定义为"任何能够通过改变实现商业目标的可能性从而改变一项经济活动的预期结果与价值的政治变动"；而 Kennedy（1988）则将企业所面临政治风险定义为"因非市场因素导致的战略、财务或人力资源损失，这些因素涵盖宏观经济和社会政策——如财政政策、货币政策、贸易法规、投资规章、工业准则、收入分配政策、劳动法典以及发展战略——并包括与政治不稳定相关的事件，如恐怖主义活动、社会动乱、政变、内战以及暴动"。比较这两个定义，前者较为狭窄，而后者较为宽泛。一般来说，在国家风险之下的政治风险仅指因政治或社会因素导致债权人等投资者所面临的损失可能性。

2. 社会风险

社会风险是指由于东道国的种族、语言、信仰和社会规范等因素引起的风险。社会风险主要影响消费者对产品的偏好和员工对工作的态度等，由于母国与东道国在上述方面的不同，在投资过程中，民族文化差异可能会引起语言、风俗、价值观、宗教信仰等方面的冲突，这也是企业对外直接投资中面临的普遍问题。在社会风险方面，有以下几个主要因素：一是法律环境。因为一个国家体系的稳定需要法律体系来支撑,研究法律制度环境主要考虑法律制度本身是否完善、法律制度修订程序的合法性、执行法律制度的有效性等。二是开放程度。一般来说,国家开放程度高低是影响投资的重要因素,一个封闭的国家,很难吸引到投资,同时东道国和母国之间的经济依存程度也会影响两国间的直接投资。三是东道国地理距离。一般来说,距离越远,开展投资相对就越困难,因此投资风险越大。四是语言环境。如果东道国和母国使用同一种语言,投资者可以更好地和当地官员及媒体打交道,更容易雇用当地员工,与员工之间的沟通会更加直接和顺畅,从而能够提高投资企业的业务效率。

3.经济风险

经济风险指的是外国投资者或债权人所面临的风险,这类风险由东道国宏观经济关键要素的波动引起,可能会对他们的资产造成损失。这些宏观经济关键要素包括但不限于经济增长率、就业率、通货膨胀率以及政府财政状况。这些要素的不稳定性不仅可以直接触发国家层面的风险,还可能导致外国投资者遭受潜在或现实损害(如市场需求收缩)。而且,这种不稳定性还可能间接增加国家风险,通过影响相关经济体系及其政策变革,进而引发对外国投资者资产的潜在或现实损害(如限制外资市场准入的措施或国有化政策等)。

4.金融风险

经济风险与金融风险均用于刻画一国宏观经济环境,经济风险侧重于描述一国经济发展水平的高度和经济持续增长的能力,而金融风险侧重于描述一国的债务水平、创造外汇的能力及外汇稳定性。因此,金融风险指外债总量、国际收支状况、汇率波动性、金融体系与金融市场稳定性等关键指标的波动,其中构成金融风险的核心要素是外债总量、国际收支状况及汇率波动性。这些关键指标的变化有可能直接导致外商投资者面临若干国家风险,例如市场汇率损失、债务违约或重组等问题。同时,该变化也有可能间接引发风险,通过影响相关金融机构和金融政策调整所诱发的国家风险,比如汇率政策和外汇管制政策的变更。

5.主权信用风险

主权信用风险是指国家发生违约的风险。目前,普遍认为主权信用风险主要包括两大部分：经济风险和政治风险。经济风险是指主权国家按时偿债的能力，政治风险是指主权国家按时偿债的意愿。主权信用事件主要包括三种情况：一是政府不能及时偿还债券本息，二是政府债务重组，三是政府中止债务的偿付，此过程往往伴随着债务的重组或者破产。欧债危机发生之前，针对主权信用风险的研究主要限于新兴市场国家，而欧债危机的爆发，彻底改变了这一现状。欧美国家纷纷举债以应对债务危机，众多国家牵连受害，这些负面影响使越来越多的国家开始重视主权信用风险，使之成为全球关注的重点之一。

6. 转移风险

转移风险是指因政府的行为而造成私人行为者不能够履行其相关义务。例如，如果政府实施禁止性外汇管制，私人的转移支付就不可能实现。在 20 世纪 80 年代，国家风险主要来源于转移风险，从新兴市场的角度来看，随着日益增长的开放程度和对外依存度，国家间的经济联系和其他联系方式的变化使得发生转移风险的概率在降低。

7. 银行风险

银行风险是指由于某一国家或地区的经济、政治、社会文化事件，导致该国的商业银行遭受损失。从国际银行业务—国际贷款的角度来看，国家风险可能存在以下几种违约情况，给贷款银行造成损失：拒付债务、延期偿付、无力偿债（即未能按期履行合同规定的义务，如向债权人送交报表以及暂时无法偿付本息等）、重议利息（即债务人因偿债困难要求调整原定的贷款利率）、债务重组（即债务人因偿债困难要求调整偿还期限）、再融资（即债务人要求债权人再度提供贷款）、取消债务（即债务人因无力偿还要求取消本息的偿付）。

8. 其他国家风险

其他国家风险主要是指由其他因素导致该国或地区借款人或债务人拒绝偿付商业银行债务。其他国家风险包括传染风险，即某一国家的不利状况导致该地区其他国家评级下降或信贷紧缩的风险，尽管这些国家并未发生这些不利状况，自身信用状况也未出现恶化。

(三)国家风险的评估方法

国家风险一旦发生,对其控制的可能性极低,因此对东道国国家风险的评估显得尤为关键。在进行投资决策时,民营企业的首要任务是对东道国的各类情况进行详尽研究和分析,以便对国家风险进行精确评估,为投资活动提供有力的决策性支持。评估国家风险时,以下四种方法可供借鉴。

1. 指数法

指数法主要有富兰德指数(FL)以及全球 100 个国家国际贸易投资风险指数(ITIRI)。FL 是 20 世纪 60 年代末,美国商业环境风险情报研究所设计的第一个反映经济政治环境风险的评价指数,每年定期发布。该指数由定量评级体系、定性评级体系和环境评级体系构成,用 0—100 表示,指数越高表示风险越低,反之则越高。ITIR 由北京工商大学经济学院的世界经济研究中心(WERCCN)与北京工商大学首都流通研究基地的中国经济指数中心(BCEIC)联合发布,于 2006 年 11 月 1 日正式推出。该指数对当年全球 100 个国家的国际贸易投资风险进行系统分析,主要从政治风险、经济风险、政策风险以及支付风险四个方面进行评估。

2. 德国经济研究所制定的国家风险预警系统

此系统由德国经济研究所在 1975 年精心设计并推行,旨在通过一组详细的经济指标评估一个国家的风险状态,以使相关部门可以在该国的国家风险状况恶化之前及时得到预警并予以重视。这套精密的预警机制囊括了诸多经济指标,如债务偿付比例、本金偿付率、负债比例、债务占国民生产总值的比例、负债占出口总额的比例、外债与外汇储备的比率、流动性比率、经常账户赤字与出口总额的比率、货币供应增长率、财政赤字对国内生产总值的比率,以及 IMF 基金借款与该国在该组织份额的比率等。该系统严谨、精确,旨在为风险防控提供更全面、更深刻的理解。

二、经营风险

经营风险主要指的是企业可能遭受损失的风险,这种风险源于市场环境的变动和企业自身的问题。其主要包括市场需求风险和资金风险。

（一）市场需求风险

市场需求风险可定义为企业在对外直接投资过程中,由于市场需求的波动引发的投资回报率下降的可能性。2020 年以来,地缘经济秩序快速调整,市场信心动摇,金融市场持续大幅波动,大宗商品价格波动剧烈,全球制造业活动收缩,国际经济环境恶化,导致全球贸易保护主义盛行,国际贸易摩擦日渐增多,各国之间的利益冲突也不断发生,种种状况都加剧了企业跨国经营环境的不确定性,尤其是民营企业跨国经营的风险越来越大。中国民营企业相比于国际跨国公司,普遍缺乏核心竞争力,自主研发能力也较弱。虽然中国民营企业在某些领域和产品上具有价格优势,但是缺乏技术优势,受东道国经济增长影响,民营企业的业绩会受到很大影响。

（二）资金风险

资金风险指的是在对外直接投资过程中由于跨国企业缺乏资金流动性所带来的风险,为了应对此类风险,民营企业需要及时进行现金流管理,并选择适合的融资策略。当前欧美经济体经济增长乏力,甚至有些发达国家经济出现衰退,也导致民营企业的流动资金吃紧。民营企业在投资方式上,以新建投资为主,较少采用并购方式,投资方式过于单一,增加了对外投资的风险。另外,民营企业规模小,以及存在各种历史性原因,在融资时面临困难,一些金融机构往往不给予支持,海外投资风险较大。

三、金融风险

金融风险主要由东道国的多种因素引发,包括外债规模、偿债能力、汇率的稳定性、国际资金流动性和金融政策。这些因素的突变或持续恶化可能导致对外投资活动产生损失。这类风险通常出现在出口实力较弱、国际收支持续逆差、外债负担较重的发展中国家和部分发达国家。本质上,金融风险可以视为东道国偿付外债的承诺强度及其官方、商业和贸易支付能力的反映。

（一）汇率风险

汇率风险，或称为外汇风险，是汇率的波动对全球企业的海外经营带来的不确定风险。此类风险产生的根源包括国际收支平衡、GDP 增速、相对通货膨胀率、利率以及外汇储备等。2008 年金融危机爆发后，多数发达国家采取货币贬值政策，导致外汇市场出现了动荡，全球外汇市场的不确定性进一步加剧。2011 年欧洲债务危机连续爆发，导致部分国家实施了较为严格的外汇管制，在国际金融环境日益动荡、汇率波动剧烈的背景下，中国民营企业在对外直接投资中面临的外汇风险显著增加。

交易风险、折算风险和经济风险属于汇率风险的三种主要类型。

1. 交易风险

交易风险是指在以未完成的外币表示的经济业务中，由汇率波动带来的损益风险。这种风险可能在汇率变动之前发生，在汇率变动时也可能仍有未结算的债务价值波动。例如，远期外币交易和用外币计价的借贷业务都可能产生交易风险。

2. 折算风险

折算风险，即汇率波动对公司财务报表的影响。涉及国际投资活动的企业，在每个财政年度结束时，需要整合海外子公司的财务报表进入总报表。在将以海外子公司所在的东道国的货币计价的会计科目折算成母国货币的过程中，货币汇率的波动可能会导致跨国企业遭受损失。值得注意的是，折算风险引发的损失是有关会计概念的损失，并不代表跨国公司遭受实质性的损失。

3. 经济风险

经济风险是指跨国公司的经营环境因汇率波动而发生变化，可能导致其业务运营流程的调整，从而产生经济损益的风险。跨国经营的每个环节都可能面临这种经济风险，因为汇率的波动会导致同类商品在不同国家的比价以及一个国家内不同商品之间的比价发生变化。这种价差的改变可能会引起国内和国际市场的生产条件和需求结构的变化，从而对企业对外直接投资活动产生影响。

（二）违约风险

通常，面临金融风险的国家会对外国投资者的投资收益和资本转移实施各种限制性政策，以防止外汇的进一步流失。在更极端的情况下，这些国家可能会选择主动违约，甚至直接接管外商投资者的资产。这种情况在 20 世纪 50 年代至 60 年代的新兴独立国家中较为常见，当时这些国家会直接没收外商投资的资产。

四、社会风险

社会风险主要源于东道国与母国在语言、风俗习惯、价值观念、态度等方面的差异，这种差异会给企业的对外直接投资带来不确定性影响，这也被视为文化风险。在对外直接投资的过程中，部分民营企业缺乏跨国运营的经验，并且对当地的法律法规、风俗习惯以及本国文化与东道国文化的差异理解不足，这将会直接影响管理的实践。

如在一个企业中，不同文化背景的人会采取不同的行为方式，不同的行为方式带来各种误会和摩擦，不但影响企业的管理效率和协调发展，阻碍经营战略的有效实施，而且很容易与当地社区发生冲突，从而给企业带来风险。在并购法国阿尔卡特手机业务公司后，TCL 集团由于文化背景的差异，难以进行有效管理，导致遭遇经营困境。

此外，社会风险也涵盖了企业社会责任的风险。企业社会责任是指企业在追求超越法律和经济要求的社会长期利益时承担的义务。然而，开展对外直接投资的中国民营企业在面对企业社会责任缺失的风险时，往往由于各种原因，如经验不足，未能做出及时的风险应对措施，导致外国媒体为了政治目的，有意夸大中国资本企业的不道德行为。这在一定程度上使中国民营企业在对外直接投资过程中备感压力，从而产生风险。

在中国民营企业开展对外直接投资活动时，东西方文化差异导致的冲击也构成了民营企业所需应对的社会性风险因素。由于东西方文化存在显著差异，中国民营企业的运营方式与西方企业存在差异，这给民营企业的跨国整合经营带来很大的影响，甚至导致投资的失败。例如，2001年，中国民营企业华立集团收购美国飞利浦公司全球研发中心，并建立了新的项目团队,一位来自海外的专家被任命为该项目负责人。出于对该项目的重视,华立集团的中方总裁几乎每天都向其询问项目进展,目的是与这位外籍专家进行有效的交流。然而,仅仅一周后,这位外籍专家便申请辞职,理由是感到缺乏信任。这一事件明显反映双方在认知上存在差异:在国内,日常的沟通被视为友好的表达,然而在国外,却可能被误解为缺乏信任。因此,民营企业在进行对外直接投资活动时,必须高度重视文化差异,因为这些差异可能会导致双方对同一问题的理解产生分歧,从而对民营企业的生产经营产生负面影响,甚至可能导致投资项目失败。

第二节　中国民营企业对外直接投资风险的成因分析

中国民营企业对外直接投资是企业成长发展与对外开放战略的有机结合,同时其对外直接投资活动必然受到国内外政治、经济环境的直接和间接影响。在国际和国内的双重背景下,中国的民营企业在进行对外直接投资的过程中,不可避免地会遭遇各种宏观和微观风险。具体而言,中国民营企业在对外直接投资中所遭遇的各种风险,与当前国际政治经济发展的特定历史背景息息相关。例如,发展中经济体经常出现政局不稳定、经济增速下滑、债务危机频繁发生等问题,导致中国民营企业对外直接投资的风险大大增加。另外,中国民营企业自身国际化经营经验不足、风险防范能力薄弱也是造成投资风险的主要内因。

一、国家风险的主要成因

研究者对 56 个投资失败案例的主要原因进行了简要归纳,认为近80%的案例均与东道国国家层面的国家风险因素紧密相关(中国企业对外直接投资失败主要因素如表 6-1 所示）。[①] 总体来看，国家风险因素是导致中国企业尤其是中国民营企业对外直接投资失败的最主要因素，因此本书认为中国民营企业对外直接投资面临的国家风险有以下几方面。

表 6-1　中国企业对外直接投资失败主要因素

投资失败主要因素			案例数量/件	占比/%
商业风险	—	—	12	21.4
国家风险	政治类风险	战争与内部动乱	20	35.7
		国内政治斗争	9	16.1
	法律类风险	准入审查	7	12.5
		法治不完善	2	3.6
	运营环境类风险	基础设施建设不及预期	1	1.8
		民间反对情绪	2	3.6
	经济类风险	—	1	1.8
	汇兑类风险	—	2	3.6

（一）中国民营企业 OFDI 对当地利益相关者产生负溢出效应

虽然一项投资交易可能为交易双方带来收益，但也可能对投资公司的主要利益相关方产生溢出效应或负外部性，这些利益相关方包括但不仅限于员工、消费者以及同业竞争者等。因此，为了阻挠投资交易的进行，利益相关方会采取两种策略：首先，他们会利用价值观，从道德角度进行阻挠。这些利益相关方会以"保护公共利益"或"捍卫国家安全"等口号，对市场经济下的自由交易施加各种阻力。例如，因担忧外国投资会导致本国劳动力的失业，员工会采用激化公众情绪的语言进行抗议；竞争对手可能会指责外国投资者泄露本国公司的商业秘密，破坏本国工业，以及对国家安全的关键领域造成威胁。其次，他们会通过游说政府，寻求政府或司法部门的积极介入。例如，他们可能会推动政府或司法部门制定新的政策或法规，在必要时甚至调动执法机构加以干预。利益相关方可能

① 陈曦.中国企业海外投资的"拦路虎"——透过失败案例看风险[J].国际工程与劳务，2015（12）：25-30.

会采用多种手段对政府或司法部门施加影响,包括选举投票、工会活动、媒体报道、公民抗议、议会游说等,其最终目标就是借助对政策规则的改变,直接干预外国的直接投资,利用公权力来调整或阻止外国投资。相较于国有企业,中国民营企业 OFDI 擅长学习国外先进的专利技术来支持国内市场经营[1],这可能会对东道国利益相关者的权益带来影响,使得民营企业遭遇国家风险。例如,东道国工会担心中国投资者以中国工人替代外国工人;一些综合技术实力达到国际前沿或已经处于领先地位的民营企业,对现有的国外竞争者构成了巨大的挑战。针对这些来自中国的"搅局者",外国利益相关方将会游说政府进行干预。

（二）发展中经济体因政局不稳导致政策不持续

当前,中国民营企业对发展中经济体的对外直接投资规模逐渐增加,民营企业海外投资项目需要与当地政府签署协定以保障项目顺利进行,然而在项目实施过程中,一些东道国尤其是发展中经济体因政局不够稳定,出现政权更替、政策不持续、蓄意更改政策以保护本国企业等情况,从而使中国民营企业投资项目被迫中断,甚至发生撤厂危机。

（三）投资安全审查机制导致投资需求减少

2017 年以前,中国民营企业在海外的投资主要集中在能源、基础设施、房地产和金融等领域,然而随着这些领域高负债公司的金融风险加剧以及东道国实施的更严格的资本管制和投资安全审查机制,中国民营企业在这些领域的对外直接投资金额出现大幅下滑。如前所述,当前开展外国投资安全审查机制的国家审查力度持续加大,而且越来越多的国家加入其中,从而导致中国民营投资者收购海外具备敏感技术和基础设施资产的企业变得更加困难,中国民营企业对外直接投资的规模大幅下降。

---

① 中国银行国际金融研究所.中国对外直接投资政治风险的成因及对策[J].宏观观察,2019
(15):1-19.

二、金融风险的主要成因

(一)债务危机引发的投资风险增大

观察历次金融危机的发生,我们可以发现债务危机与金融风险总是密切相关。自 1990 年开始,我们已经经历了五轮金融危机,每一轮都出现在债务增长的高峰阶段(债务危机趋势见图 6-1 所示)。

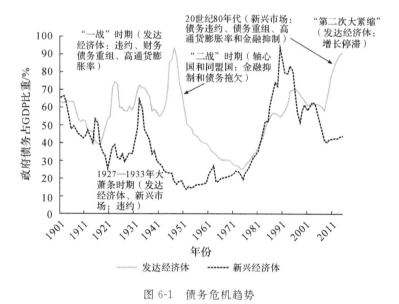

图 6-1　债务危机趋势

资料来源:Carmen M R,Sbrancia M B. The liquidation of government debt[Z]. IMF Working Paper,2015.

首先是"一战"时期的债务危机,主要产生在发达经济体之中,其典型表现为政府债务违约、财政债务重组及高通货膨胀率,此期间政府债务占GDP 的比重几乎达到 70%。其后,在 1927—1933 年大萧条时期,无论是发达经济体还是新兴市场,其政府债务占 GDP 的比重均约为 70%。紧接着的是"二战"时期的债务危机,无论是轴心国家还是同盟国家,金融抑制和债务拖欠问题均非常严重,政府债务占 GDP 的比重甚至超过 90%。第四次债务危机发生在 20 世纪 80 年代的新兴国家(主要指拉美、东欧等地区),其表现为债务违约、债务重组、高通货膨胀率和金融抑制,其政府债务占 GDP 的比重逼近 100%。最后一次,被称为"第二次紧缩期"的债务危机,是由 2008 年以来在发达经济体中爆发的债务问题引起,这场危机使得欧盟、美国以及日本等经济体的经济增长停滞,甚至出现负增长,金融危机再度发生的风险日益增大。

发达国家的债务危机对跨国公司的对外直接投资产生了两个方面的直接效应:首先,对于已经投资的项目而言,高负债国家的金融压力可能会增加跨国公司的投资成本,尤其是欧洲国家庞大的巨额公债问题。其次,这种状况将推动各国政府采取财政紧缩政策,进一步增加政府违约风险。为了解决欧洲国家的政府债务问题,希腊采取了直接违约策略,其他欧洲国家则采取诸如货币贬值和通货膨胀的间接违约策略。在经济停滞且债务持续增加的背景下,大量印刷货币成为偿还债务的唯一路径,通过通货膨胀来缓解政府的债务压力,以此间接实现债务转移。因此,高通货膨胀率、低利率的金融压抑时代已经到来。[①]

(二)发展中经济体经济增长走弱,导致主权债务风险上升

主权国债务违约风险是金融风险的主要来源,而主权国未能按约定方式还本付息就会构成债务违约,因此一国债务违约风险的高低由两个基本条件决定:一是债务规模和结构规定的偿付义务,二是经济增长水平与稳定程度、国际收支平衡状态等因素制约的偿债能力。发展中经济体在经历了 2000—2010 年的高速增长后[中等和低收入国家(不含中国)GDP 增速见图 6-2 所示],整体经济增速在波动中趋向走低。

三、经营风险的主要成因

(一)民营企业投资决策体系不健全

企业在做出对外直接投资决策之前,一般会经历以下主要步骤:一是全面收集相关的信息及资料;二是编制、分析和研判可行性分析报告;三是制定投资决策并实施投资计划。然而,在对外直接投资实践中,不少民

---

① 缪建民.债务危机、金融危机和金融压抑[EB/OL].(2011-09-24)[2024-03-24].http://www.cf40.org.cn/news_detail/2938.html.

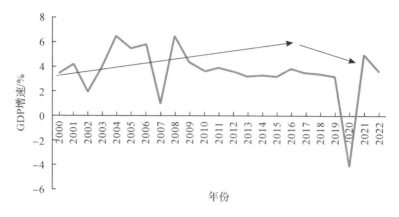

图 6-2　中等和低收入国家(不含中国)GDP 增速

营企业存在以下情况:一是在可行性分析报告编制完成前,企业内部已经完成了相应的投资决策;二是未能筛选有资质和经验的第三方专业机构协助推进尽职调查和可行性分析工作;三是民营企业过于理想化地估计了投资的回报,为完成投资而进行调研工作;四是忽视市场调研,未能充分掌握真实客观的市场数据;五是忽视专业人士的论证评审和风险提示等。

(二)未能准确识别和评估东道国投资合规风险

在各国政府监管和国际组织联合制裁的双重推动下,合规与否已经成为企业对外直接投资成败的重要决定因素之一。当前,民营企业重盈利、轻风控,对识别和评估合规风险不予重视,不能有效采取规避合规风险的措施,往往容易导致投资项目失败或遭到巨额罚款,甚至可能会面临世界银行等国际组织的制裁或联合制裁,导致丧失参与国际投资项目的机会,给企业自身发展和商业信誉造成重创。

(三)民营企业对技术标准的差异认识不足

与发达国家相比,中国的科学技术水平仍处于较低水平,导致民营企业在对外直接投资过程中因技术壁垒而出现经营风险。其中与东道国尤其是发达经济体的技术标准差异是导致民营企业对外直接投资失利的主要原因:一方面民营企业的产品技术设备配套不完善,国际社会对产品本身的质量要求比较高,中国目前的技术尚无法达到发达经济体的技术标准;另一方面越来越多的东道国设置技术壁垒,更多的国家开始采用技术壁垒控制产品质量使得中国民营企业面临巨大的技术挑战。

四、社会风险的主要成因

(一)民营企业在海外投资中普遍缺乏社会责任感

为了推动跨国公司更关注人的福祉,以企业社会责任为主要内容的国际标准蓬勃发展。这种源自民间的倡导行动,受到很多跨国公司的高度关注。SA8000 是全球首个企业社会责任领域有重要影响的国际标准,1997 年由欧美企业发起,设在伦敦和纽约的非政府组织——国际社会责任组织(Social Accountability International)负责该标准的维护和推广,其主要强调的是对劳动者权利的保障,具体强调了九个方面:童工;强迫或强制劳动;健康与安全;自由结社及集体谈判权利;歧视;惩戒性措施;工作时间;工资;管理体系。国际标准化组织(International Standard Organization,ISO)在 1994 年推出了质量管理体系标准 ISO9000,1996 年通过了环境管理体系标准 ISO14000,2010 年发布了社会责任指南标准 ISO26000,这个标准用社会责任代替了企业社会责任,也就是说标准的适用范围扩展到所有类型的组织,不仅包括企业,也包括其他各种组织。ISO26000 主要包括组织管理、人权、劳工实践、环境、公平运营、消费者权益、社区参与和发展等七个领域。

然而,受限于现有发展水平,众多中国民营企业在海外从事普通工业生产制造、简单粗加工、基础设施建设等业务,在劳动者权益、环境保护、社区及集体权益维护等方面,民营企业面临着巨大的社会责任风险,特别是部分民营中小企业不愿意在履行社会责任方面耗费太多财力,而这些又是全球社会责任运动最为关注的主题。另外,部分民营企业对东道国当地社会责任方面的法律法规缺乏关注,未能遵守东道国法律法规和政府机关的强制性要求,从而导致对外直接投资过程中可能会因违反相关强制性要求而面临有关机构的严厉处罚,承担不利的社会风险。

(二)文化融合存在一定困难

民营企业跨国并购以后需要对两个企业进行整合,新项目从设计、建设一直到投产也都需要和当地的机构、人员打交道,不同文化背景和心理状态的员工的整合相对比较困难。民营企业长期形成的理念和思维在不同的文化背景下存在着较大的差异,如果处理不当,往往会造成内部不协调,甚至引起人才的流失。

第七章　国家风险对中国民营企业对外直接投资的影响

本章基于广义技术外部性和政策限制行为的理论基础，首先提出了国家风险对中国民营企业对外直接投资的影响机制。然后基于 2008 年至 2021 年中国民营企业对 124 个东道国对外直接投资数据，运用面板模型分别实证检验了国家风险对中国国有企业和民营企业对外直接投资的影响。研究结果表明东道国市场规模成为影响中国企业尤其是民营企业开展对外直接投资的最主要因素，这说明中国民营企业对外直接投资属于市场寻求型投资。与国有企业相比，民营企业开展对外直接投资时更关注东道国的法治水平。

第一节　国家风险对中国民营企业对外直接投资的影响机制

一、国家风险影响中国民营企业对外直接投资的问题提出

民营企业在中国经济发展中占据了重要地位，其对外直接投资是中国经济全球化进程中的积极推动力。自 2013 年以来，民营企业已取代国有企业，成为中国在全球市场进行对外直接投资的主体，民营企业积极响应国家战略和区域协调发展战略，展示出强大的投资活力和韧性，涵盖的投资领域日益广泛。地缘政治冲突对全球经济和区域经济产生巨大影

响,这些都是国家主权因素带来的风险。这些国家风险具有不可控制和预测的特点,对中国民营企业对外直接投资带来的损失无疑是巨大的。因此,探索国家风险对中国民营企业对外直接投资的影响,显得尤为重要。

二、国家风险影响中国民营企业对外直接投资的理论机制

(一)基本假设

1. 广义技术外部性假设

卢卡斯(2016)明确指出,新古典主义增长理论在解释跨国资本流动时,面临一些棘手的问题。新古典主义增长理论坚持认为,在规模报酬递减的假设前提条件下,长期的经济增长仅源自外部技术进步和劳动力增长这两个自然因素。因此,这个理论进一步推断,就资本回报率而言,发达国家必然低于发展中国家。此外,一个发展中国家向全球其他国家开放之后,会迎来大量的外国资本涌入,而且瞬间就可以达到稳定状态。然而,实证数据显示,从发达国家流入发展中国家的资本相比于发达国家之间的资本流动较为稀少。许多实证研究均证实,这种发展中经济体的投资稀缺性是由于国家风险。根据 Williams(1975)的观察,1956—1972 年期间,高达 20% 的外商直接投资被低收入国家无偿没收。再者,Schmidt(2002)的研究则揭示了产权保护制度的质量,是影响外商直接投资高度集中于东欧的关键因素。

现有理论文献已对上述现象产生的原因进行了深度剖析。例如,Eaton 和 Gersovitz(1981)、Cohen 和 Sachs(1986)、Marcet 和 Marimon(1992)以及 Thomas 和 Worrall(1994)的学术研究均得出了一致的理论结论:国家风险的存在,实际上已经阻碍了国际资本从发达国家向发展中国家流动,并且进一步限制了贫困国家的经济发展。然而,这些研究成果可能受到了国际资本流动的一个实践特征——跨国公司技术向东道国的转移——的影响。实际上,展望发达国家的对外直接投资经历以及基于

绝对优势理论的对外直接投资理论（如垄断优势理论、内部化优势理论、国际生产折衷理论），我们可以发现，资本主要沿着 OFDI 的轨道，从发达国家流向发展中国家。一般而言，这些投资中所包含的技术在质量上明显超越发展中国家（即东道国），这种绝对技术优势能够产生积极的溢出效应，被视为东道国的技术外部性。① 总的来看，这种技术外溢现象源自发达国家对发展中国家的绝对技术优势。只有在这个背景下，技术溢出才有可能发生。然而，当前全球对外直接投资格局表明，发展中国家对发达国家的对外直接投资已实现大规模增长，并且占全球 OFDI 的比重也在持续攀升。发展中国家向发达国家的投资，也可能基于其自身的相对技术优势，如低成本优势、小规模技术优势以及文化传统优势等。单纯依赖绝对技术差距理论和绝对优势理论，无法解释上述现象。

为此，本书借鉴王海军（2014）观点，将发展中国家的对外直接投资理论中的绝对技术外部性进行扩展化和普遍化。本书认为，无论是发达国家还是发展中国家，母国对东道国投资所涉及的技术可能源于绝对技术差距，也可能源于相对技术差距。在母国对东道国的投资过程中，只要能够产生技术溢出效应，就可以认为存在广义的技术差距，本书将其定义为广义技术外部性。

广义技术外部性不仅揭示了发达国家对发展中国家的技术驱动投资力量，同样也阐明了发展中国家对于发达国家的技术驱动投资力量，这也包括发达国家与发展中国家间的技术驱动投资力量。因此，该理论为分析包括以中国为典型代表的发展中国家的对外直接投资行为，提供了理想的理论基础。

2. 政策限制行为假设

依据前述分析，广义技术外部性能够产生正向技术溢出效应。对于东道国来说，这种效应无疑是稀有且极具价值的，如新技术的扩散与转移，创新知识和管理理念的溢出，全要素生产效率的提升，以及就业和产

---

① 具体来说，技术外部性是指外资相比内资具有独有的技术、管理、组织文化等方面的优势，而这种优势势必会促进东道国技术水平的升级、管理理念的更新和组织效率的提高，但是这种优势是内资企业短期无法学习的，因而不会被内部化。

出的增加等。尽管广义技术外部性并非东道国能够轻易模仿(至少在短期内),但其存在度越高,东道国获取的收益就越大。因此,东道国没有强烈动机来限制外资的流入。吸引更多的外资,东道国有可能会进行更严格的外国资产保护,并出台有利于外资的鼓励和便利化政策。然而,当广义技术外部性减弱甚至消失时,东道国可能会采取限制措施,甚至征用、没收外资资产的政策进行制衡。国家风险一般是由东道国政府政策变动所引起的。这种由政策变动引发的对外资的政策限制行为,可以被定义为东道国的政策限制行为。此类政策限制行为在本质上反映了东道国基本经济利益的诉求,因此,它可以作为衡量国家风险的理论工具。

　　本书构建了一个两国投资模型,以广义技术外部性和政策限制行为为模型的基本假设。在此模型中,假设只存在两类国家:一类是作为投资接受方的东道国,另一类是作为投资提供方的母国;并且假设东道国的资本存量低于母国。无论是国内还是国际投资者,均可将资本投向东道国,但是,外国投资者的财产权并未得到充分的强制性保障。因此,外国投资者的投资额应与东道国对外国资产无限制的额度保持一致。如果东道国采取了限制措施甚至实施没收外国资产的政策行为,则意味着东道国面临极高的国家风险,其国内经济可能会转向长期的封闭自给自足模式。

　　早期的文献中,一个关于国家风险的核心观点是,一个独立且财政自给自足的国家并不等同于它不会对外国资产施加限制。[①] 为了积累充足的资本,东道国可能会采取其他如罚没等额外的措施来履行其债务偿付责任。Eaton 和 Gersovitz(1984)、Cohen 和 Sachs(1986)都提出,债务违约、对外国投资者资产的罚没以及未能履行合约承诺等行为,都将对违约国家持久的生产效率造成损害。Marcet 和 Marimon(1992)提出的观点是,由于风险厌恶,东道国政府对消费平稳性有着强烈的偏好。即便如此,风险中性的外国投资者还是愿意承担可能影响国内经济的随机冲击,以此来避免资产被没收的风险。在 Thomas 和 Worrall(1994)的模型中,外国企业拥有在东道国的全部投资权益,它们乐意将部分利润让渡给东

　　[①] 早期文献对发展中国家限制外资行为的研究是研究国家风险的主要出发点,而限制外资行为的背后往往反映了基本经济利益的博弈,也反映了东道国深层次的经济矛盾,因此我们可以认为,限制外资行为的可能性与国家风险是高度正相关的,这是本章理论模型分析的一个基本前提。

道国，这是一种以不施加资产限制为条件的策略。

根据王海军(2014)的分析，对外国投资的限制往往可能引发永久性的效率损失。他强调，在模型中，广义技术外部性的大小是关键性因素。更具体地说，缺乏广义技术外部性时，政策限制行为始终存在；而当广义技术外部性极大时，政策限制行为则不再出现，将完全消除国家风险。对于广义技术外部性适中的情况，为避免其损失，接受一个资本交易的均衡状态可能是东道国的选择。这能揭示在其他因素的影响下，国家风险会如何变化以及其对跨国企业对外直接投资的影响程度。

（二）影响机制

本部分构建了一个面向开放经济的跨国投资模型，在该模型中，东道国是接受外资的主权国家，而跨国投资者则源自母国市场；同时假设东道国不能直接影响母国市场的价格。本部分从外国投资者利润最大化以及东道国经济增长最大化问题出发，提出并分析两者的决定性因素。在解决这两个最大化问题过程中，将引入广义技术外部性和政策限制行为假设，这些假设将是连接上述两个问题的关键因素，并最终影响东道国与外国投资者的博弈过程和收益分配。

1.外国投资者利润最大化与东道国经济增长最大化问题

首先，我们将讨论外国投资者利润最大化问题。假设他们的母国市场达到均衡状态，分别用 R_{ss} 和 R_t 表示外国投资者在母国和东道国的总收益率。公式如下：

$$R_{ss} = 1 - d + r_{ss} \tag{7-1}$$

$$R_t = 1 - d + r_t \tag{7-2}$$

这里 r_{ss} 和 r_t 分别代表母国和东道国的资本收益率，d 是资本折旧率的表示。若外国投资者在东道国的投资收益率 R_t 超出母国的收益率 R_{ss}，且东道国对外国投资者的资产没有任何限制，东道国的国家风险极低。在这样的情况下，外商投资者会选择将其资本投入东道国，其对东道国投资的机会成本等同于投资母国所能取得的收益率 R_{ss}。换言之，外国投资者的主要目标是通过在东道国进行投资以期达成逐期利润最大化的结果。公式表示如下：

$$\max_{k_n}[R_t - R_{ss}]k_{ft} \tag{7-3}$$

其中 k_{ft} 为外国投资者对东道国的投资额。

根据东道国对外资的限制与否，R_t 可以定义为以下两种结果：

$$R_t = \begin{cases} 0,\text{如果发生限制} \\ 1-d+r_t,\text{其他} \end{cases} \tag{7-4}$$

接着分析东道国国内经济均衡状态。假设东道国的市场处于完全竞争状态，该市场由大量同质企业组成，每个企业都拥有各自的技术能力，可以有效地将劳动力和资本转化为产出。假设资本具有无国界限制的自由流动性，并且 FDI 能在东道国所有企业之间均匀分布。因此，东道国企业所拥有的资本 k_t 主要由两部分构成，一部分是国内资本所有者所提供的 k_{dt}，另一部分是外国投资者所提供的 k_{ft}，即 $k_t = k_{dt} + k_{ft}$。[①] 在此，值得注意的是，外资能够产生特有的生产外部性，此外部性主要受外资规模 k_{ft} 影响。这种特性是外资所独有的且不能被竞争对手内部化，因此短期内，东道国本土企业无法获取。在进一步的假设中，劳动力无法自由流动，从而使得每个企业所雇佣的劳动力 l_t 完全由国内消费者提供。因此，东道国代表性企业的产出 Y_t 可以表示为：

$$Y_t = \varphi(k_{ft})F(k_t, l_t) \tag{7-5}$$

在此，函数 $\varphi(k_{ft})$ 代表外资的外部性影响，且依赖于流入国的外资总量 k_{ft}。假设该函数具有严格递增、连续可微的特性，并且 $\varphi(0) = 1$。而 $F(*)$ 表示规模报酬不变的情况下，两个参数 k_t 和 l_t 保持严格递增、严格凹、连续可微且符合稻田条件的函数。[②] 由于技术外溢效应的存在，公式 (7-5) 具有规模报酬递增的特征。[③] 因此，公式 (7-5) 意味着外资流入对代表性企业的全要素生产率（TFP）会产生影响。

接着讨论将总产出简化为人均产出，考虑到 $F(*)$ 的规模报酬不变的特征，我们可以将生产函数 (7-5) 两边同时除以 l_t，并定义 $F(k_t, 1) =$

[①]　尽管 $k_t = k_{dt} + k_{ft}$，但是外国资本和国内资本不能完全替代，这是因为外资能够产生额外的生产外部性。假设我们把国内资本 k_{dt} 和国外资本 k_{ft} 视为两种性质不同的生产要素投入生产中，则根据新古典经济学中技术替代率递减规律的假设，国内资本替代国外资本会越来越难。

[②]　稻田条件的经济含义：当资本存量足够小时，资本的边际产品很大；当资本存量变得很大时，资本的边际产品很小。即资本的边际产量递减规律。

[③]　外部性可以导致多重均衡，在本书中，我们假设外部性不是很大，以排除多重均衡。

$f(k_t)$，可以得到以下结果：

$$y_t = \varphi(k_{ft}) f(k_t) \tag{7-6}$$

公式(7-6)中，y_t 表示东道国代表性企业的人均产出。以劳动力和资本为生产要素，企业的目标是实现利润的逐期最大化；假设产品价格为标准化值，则代表性企业的利润最大化为产出与投入成本的差额，表示如下：

$$\max_{k_t, k_x} \{ \varphi(k_{ft}) f(k_t) - r_t k_t - w_t \} \tag{7-7}$$

公式(7-7)中，r_t 和 w_t 分别为东道国的实际利率和工资。根据上述理论假设，从单个企业来看，外部性是无法被东道国企业内部化的，因此生产函数呈现出规模报酬不变的特征。这意味着，均衡状态下，各种要素价格应该等同于相应的边际产出。如果劳动力供给完全无弹性，那么完全竞争条件下，厂商为了实现利润最大化，企业需要将生产要素报酬率设定为等同于各自的边际产出，即

$$r_t = \varphi(k_{ft}) f_1(k_t) \tag{7-8}$$

$$w_t = \varphi(k_{ft}) f_2(l_t) \tag{7-9}$$

公式(7-8)和公式(7-9)中 f_1 和 f_2 分别表示资本和劳动的边际产出。

消费者由无固定期限的代表性实体（如家庭、政府）构成，是经济活动的关键要素，他们制定消费与储蓄决策以实现终身效用最大化。在任何情况下，消费者[①]都可能会考虑没收外资。我们假设，一旦该国没收外国投资者的资产，国内经济将失去外资产生的技术外溢效应，并且最终可能会永久转向自给自足模式。[②] 因此，代表性消费者面临的核心问题是，在特定的约束条件下，如何制定策略以实现效用最大化。

$$\max_{c_t} \sum_{t=0}^{\infty} \delta^t u(c_t), u'(\cdot) > 0, u''(\cdot) < 0 \tag{7-10}$$

$$\text{s. t. } c_t \leqslant (1 - d + r) k_{dt} + w_t \tag{7-11}$$

公式(7-10)中，$u(c_t)$ 代表连续可微、单调递增的国内代表性消费者的

---

① 这里的消费者我们更多假设是有行政执法权力的政府。

② 外国投资者不仅带来有形的资本，还带来无形的资本，例如先进的管理经验，如果没收发生，外国投资者离开本国，无形资本将不复存在且不能复制和代替。

瞬时效用函数,并满足 $\lim\limits_{t \to 0} u'(t) = +\infty$;$\delta \in (0,1)$;$\delta$ 表示贴现率;c_t 代表国内当期的消费(假设储蓄为 0)。公式(7-11)是消费者的预算约束方程,表明在任何给定时期,消费总量都不能超过总收入,$d \in (0,1)$ 代表资本折旧率。

当公式(7-1)满足以下条件:

$$c_t = (1 - d + r)k_{dt} + w_t \tag{7-12}$$

此时,消费者能够实现效用最大化,即存在一条收入—消费曲线(ICC),并满足激励相容条件。

贴现率和国内消费定义如下:

$$\sum_{t=0}^{\infty} \delta' c_t \geqslant f(k_{dt}) \tag{7-13}$$

公式(7-13)中 $f(k_{dt})$ 代表自给自足条件下,方程(7-6)中 $k_{ft} = 0$ 时企业的产出。公式(7-13)表示以下含义:如果东道国代表性消费者的逐期消费需求,大于或等于国内资本在自给自足状态下可以提供的产出规模,或者说,当国内资本的产出无法满足消费者效用时,该国不会实施没收外资政策。这是因为要满足消费需求,需要有额外的资本流入以供应产品。

而当 $\sum\limits_{t=0}^{\infty} \delta' c_t < f(k_{dt})$ 时,国内资本提供的产出可以满足消费者的需求时,外资被没收的风险(即国家风险)就会增大,国内经济进入自给自足模式。这可以理解为:在经济初步发展阶段,由于东道国企业存在生产规模偏小、技术不先进及生产效率低下等现象,仅依赖本国资本生产无法满足市场需求。在这种情况下,引进外国资本能有效填补生产供应的不足,因此,对外资的限制或没收风险相对偏小。然而,一旦本国企业能够满足市场需求,且与外资企业的技术差距缩小后,对外资的限制政策便会增加。因此,东道国是否以及到何种程度采取对外资限制的政策,主要取决于外国资本的技术外溢效应对东道国福利的影响程度。这样就解释了国家风险对外资产生影响的原因。

2.一般均衡分析

在上述模型中,k_{dt} 是唯一的已知变量,而 c_t 和 k_{ft} 属于内生变量,即由模型自身决定且需要求解。首先采用消费方程(7-10)、约束方程

(7-11)来求解 c_t，然后通过外资方程(7-3)求解 k_{ft}。最终的均衡结果分别如下：

$$c_t^* = q(k_t) = q(k_{dt} + k_{ft}) \text{ 和 } k_{ft}^* = g(k_{dt}) \qquad (7\text{-}14)$$

同时以下五个问题都能得到求解。

(1)如果要素价格序列 $\{r_t, w_t\}$ 和外资总量 k_{ft} 给定，那么变量 k_t 就成为既定变量，东道国企业利润最大化方程(7-7)就可解；

(2)如果要素价格序列 $\{r_t, w_t\}$ 和外资总量 k_{ft} 给定，通过公式(7-14)可以得到 $\{c_t\}$ 解，从而得到国内消费者效用最大化问题(7-10)的求解。

(3)如果序列 $\{r_t, w_t, k_{dt}\}$ 给定，基于公式(7-14)可以得到 k_{ft}，外资利润最大化问题(7-3)便可求解。

(4)要素市场、产品市场均出清。

(5)在任意时间点 t，国内消费者的当期消费和外资总量均满足非负条件，即 $c_t \geqslant 0, k_{ft} \geqslant 0$。

3. 外国投资者 FDI 策略分析

根据以下四种情况，我们将探讨外国投资者所实施的 FDI 策略，即 $k_{ft} = g(k_{dt})$。该策略受到两个因素影响：一是东道国采取的限制政策；二是母国与东道的投资收益率差异。其目标是分析这两种影响因素对策略均衡的作用。

(1)情况 1：自给自足

探讨东道国国内消费者福利问题时，假设 ICC 未满足激励相容条件，且假设东道国对外资实施的限制性政策并非基于经济效益考虑，那么就会出现自给自足现象。这种情况下，外国资本无法流入东道国，自然其收益为 0，即 $R_t = 0 < R_{ss}$，且方程(7-3)的均衡解为：

$$k_{ft}^* = g(k_{dt}) = 0 \qquad (7\text{-}15)$$

此时，外资遭遇东道国持续性限制甚至没收，FDI 永远不可能流入东道国。

(2)情况 2：永不限制

在 ICC 满足激励相容条件的情况下，对外资的限制永远不存在。在东道国没有限制政策的情况下，外资会持续流入该国，直到母国与东道的收益率相等，即 $R_t = R_{ss}$。此时外资在母国的收益率方程(7-1)与外资

在东道国的收益率方程(7-2)相等,最终得到均衡解如下:

$$R_t = R_{ss} = 1 - d + r_t = 1 - d + r_{ss},即 r_t = r_{ss} \qquad (7\text{-}16)$$

将方程(7-3)、方程(7-16)以及方程 $k_{ft}^* = g(k_{dt})$ 代入方程(7-8),可得到:

$$\varphi[g(k_{dt})]f_1[k_{dt} + g(k_{dt})] = r_{ss} \qquad (7\text{-}17)$$

(3)情况 3:激励相容

国内消费者会根据利益最大化的原则来决定是否实施外资限制政策,如果 ICC 不能满足激励相容条件,东道国则会采取外资限制政策。因此,外国投资者在投资决策时,需要评估资产被没收的风险,并尽可能满足激励相容的条件。初始阶段,假设母国国内经济处于稳定状态,它将自然过渡到稳定收敛的极限状态,即在任意时刻 $t < \infty$,有 $R_t > R_{ss}$。因此,寻找使东道国消费者的 ICC 保持平衡的投资点就是外国投资者的最优投资策略,将公式(7-14)以及方程 $k_{ft}^* = g(k_{dt})$ 代入(7-13),得到均衡的条件:

$$\sum_{t=0}^{\infty} \delta^t c_t = \sum_{t=0}^{\infty} \delta^t q[k_{dt} + g(k_{dt})] = f(k_{dt}) \qquad (7\text{-}18)$$

公式(7-18)说明,在既定的没收临界点下,存在一个确定的投资额度,外商会选择使投资额低于该投资额度,此时东道国也无动力限制外资流入。

(4)情况 4:资本控制

以上三种情况都暗示 $k_{ft}^* = g(k_{dt})$,假设此时所决定的外资流入均衡值为 $\bar{g}$。当东道国实施外资限制政策时,如限制外资的流入,那么实际的外资流入量将小于等于均衡状态下的外资流入量,即 $k_{ft} \leqslant \bar{g}$。例如,在情况 3 中,如果存在均衡条件,外资流入均衡值 $\bar{g}$ 的大小将决定外资限制的结果。若 $\bar{g}$ 值较小,模型等同于自给自足状态;反之,若 $\bar{g}$ 值较大,则模型将回归至情况 3,即激励相容(这意味着 $k_{ft} \leqslant \bar{g}$ 无限制)。激励相容条件下,最小的投资均衡值 $\bar{g}$ 由以下约束条件决定:

$$\bar{g} = \arg \min \Big\{ \sum_{t=0}^{\infty} \delta^t q[k_{dt} + g(k_{dt})] \geqslant f(k_{dt}) \Big\}_{t=0}^{\infty} \qquad (7\text{-}19)$$

$\bar{g}$ 的准确值由条件(7-19)内生决定,实际上,在满足激励相容条件下

g 值定义了外资的最低投资额度。此时,外国投资者应确保其投资额度在此最低值以上,否则东道国可能会实行外资限制政策,从而导致外国投资者遭遇国家风险并面临经济损失。

通过以上深入分析,我们可以看到,实质上外资技术外溢、消费者福利和国内生产等因素共同构建的模型决定了外资限制政策和外商投资决策。在这个过程中,本书将国家风险内生化地纳入模型分析中,最终全面分析了国家风险与企业对外直接投资的影响机制。

第二节 国家风险影响中国民营企业对外直接投资的实证检验

一、模型设计

本书参考 Buckley 等(2007)的研究设计思路,采用对数化的面板固定效应模型,具体模型如下:

$$\ln ofdi_{it} = \alpha + \beta_1 \ln gdp_{it} + \beta_2 \ln mr_{it} + \beta_3 \ln trad_{it} + \gamma X_{it} + \delta Z_{it} + \mu_i + \varepsilon_{it}$$

$$(7\text{-}20)$$

其中,$\ln ofdi_{it}$ 为被解释变量,表示中国民营企业对东道国对外直接投资存量;基准控制变量为 $\ln gdp_{it}$、$\ln mr_{it}$、$\ln trad_{it}$,分别代表东道国的市场规模、自然资源和战略资产禀赋;基本控制变量设定为 X_{it},包括中国对东道国商品出口($\ln exp_{it}$)、中国从东道国进口($\ln imp_{it}$)、东道国对外国投资的开放度($\ln open_{it}$)、东道国劳动力工资水平($\ln wage_{it}$)和东道国制度质量($\ln law_{it}$);核心控制变量为 Z_{it},包括东道国政治风险($\ln polr_{it}$)、经济风险($\ln ecor_{it}$)、金融风险($\ln finr_{it}$)以及这些风险分别与 $\ln gdp_{it}$、$\ln mr_{it}$、$\ln trad_{it}$ 的交互项,分别表示为 $\ln polr_{it} * \ln gdp_{it}$、$\ln ecor_{it} * \ln mr_{it}$、$\ln finr_{it} * \ln trad_{it}$;$\mu_i$ 代表东道国的个体效应,ε_{it} 为随机误差项,并假设其符合独立同分布原则。

二、变量说明与数据来源

（一）中国对东道国对外直接投资流量（lnofdi$_{it}$）

本书将从三个方面来讨论国家风险对对外直接投资的影响，分别是总体对外直接投资流量（lnofdi1$_{it}$）、国有企业对外直接投资流量（lnofdi2$_{it}$）和民营企业对外直接投资流量（lnofdi3$_{it}$）。考虑到数据的可获取性，本书选取 124 个国家作为东道国[①]，样本时间为 2008—2021 年。中国对东道国对外直接投资流量数据来源于 BvD‐Zephyr 全球并购交易数据库和英国《金融时报》提供的 fDi Markets 数据库。[②]

（二）东道国市场规模（lngdp$_{it}$）

本书使用东道国的 GDP 作为市场规模的代理变量，以美元计，以 2015 年为基期。GDP 不仅揭示了一国的经济规模，同时也反映了其人口规模，能够作为市场购买力的衡量指标。考虑到市场寻求型对外直接投资是投资者为了规避东道国贸易壁垒和开辟东道国市场，因此可以用 GDP 来衡量中国民营企业的市场寻求型对外直接投资。124 个东道国 GDP 数据均取自世界银行发展指数（WDI）数据库。

（三）东道国自然资源禀赋（lnmr$_{it}$）

以世界贸易统计数据库（WTO）为基准，采用东道国石油、天然气和矿物出口额占其商品总出口的比例，来评估其自然资源禀赋状况。该比例越高，意味着该国自然资源越丰富。如果中国民营企业的对外直接投资属于资源寻求型，那么该变量将显著为正。

（四）东道国战略资产（lntrad$_{it}$）

本书使用在世界知识产权组织（WIPO）注册商标的数量作为衡量东道国战略资产丰富程度的指标。如果中国民营企业的对外直接投资属于

---

　① 为了考察东道国国家风险对对外直接投资的影响，去除了维尔京群岛、开曼群岛、百慕大群岛等。

　② BvD‐Zephyr 全球并购交易数据库含有全球企业并购的相关数据；fDi Markets 数据库是《金融时报》提供的专业服务，是目前市场上最全面的跨境绿地投资在线数据库。

战略资产寻求型,那么中国民营企业开展对外直接投资的重要目标将是收购海外知名品牌以提高自身品牌价值。因此该变量可以用来衡量中国民营企业的对外直接投资是否属于战略资产寻求型。

（五）中国向东道国的出口总额（$lnexp_{it}$）

由于对外直接投资和对外贸易之间的密切相关性,中国对东道国的出口额不仅体现了两国间的贸易联系程度,也是中国民营企业扩大自身产品在东道国市场份额的重要表现。因此,该指标对中国民营企业对外直接投资规模的影响重大。中国向东道国的出口总额数据来自《中国统计年鉴》。

（六）中国从东道国的进口总额（$lnimp_{it}$）

中国与东道国之间的贸易紧密性不仅体现在出口层面,也体现在进口层面。为稳定原材料供应,降低不确定性风险,中国民营企业会倾向于在东道国开展对外直接投资。中国从东道国的进口总额数据来源于《中国统计年鉴》。

（七）东道国对外国资本的开放程度（$lnopen_{it}$）

从理论上说,东道国对外国资本的开放程度越高,外国投资者在东道国的投资规模就会越大。本书选择用东道国的 FDI 存量与 GDP 的比率作为衡量其对外国资本的开放程度的指标。东道国的 FDI 存量数据来源于联合国贸易和发展会议数据库。

（八）东道国劳动力平均工资水平（$lnwage_{it}$）

东道国的劳动力成本优势是中国民营企业是否对该国开展对外直接投资的一个重要考虑因素,较低劳动力成本的东道国通常具有较高的投资吸引力,从而推动中国民营企业增加对该国的直接投资。出于数据的可获得性,本书选取各东道国的人均国民收入（GNI）作为东道国劳动力成本的反映。东道国 GNI 数据来源于联合国调查统计司的统计数据。

（九）东道国制度变量（$lnlaw_{it}$）

根据 Kolstad 和 Wiig（2012）的研究,除自然资源和市场规模外,东道国的法律环境、法治秩序和腐败程度等制度因素对中国企业的投资有着显著影响,本书为考察这些制度因素对中国民营企业在东道国投资规模的影响程度,选取世界银行的全球治理指标(Worldwide Governance Indicators,WGI)数据库中的法治水平(rule of law)作为衡量东道国制度变量的代理指标。

(十)东道国的国家风险

用政治风险($lnpolr_{it}$)、经济风险($lnecor_{it}$)、金融风险($lnfinr_{it}$)三个关键指标来表示国家风险,这三个指标均来源于国别风险指南(ICRG)。政治风险指数属于政治和经济领域,具体包括政府稳定性、社会经济状况、投资环境、内部冲突状况、外部冲突情况、腐败程度、军队的政治影响力、地区紧张程度、法律和秩序、种族关系紧张度、民主问责机制、官僚系统的质量等。经济风险指数集中于评估各经济体的优势与弱点,主要考虑人均 GDP、实际 GDP 增长率、年度通货膨胀率、财政余额与 GDP 的比例以及经常账户余额与 GDP 的比例。金融风险指数则侧重评估一国履行债务的能力,特别是政府债务、商业债务和贸易债务的融资和偿还能力。具体包括外债与 GDP 的比例、外债的本息总额与出口额的比例、经常账户余额与出口额的比例、净国外流动性资产与月度进口额的比率以及汇率稳定性。

三、实证过程与结果分析

(一)数据处理与估计方法

1. 变量描述性统计

从样本统计结果来看,2008—2021 年 124 个国家的组间离散程度不为 0,说明同一时间,每一个个体在时间上有差别;从标准差来看,各变量均不存在异常值;从国有企业对外直接投资和民营企业对外直接投资流量平均值来看,国有企业对外直接投资流量比民营企业对外直接投资流量稍高。从最大值来看,民营企业对外直接投资额高于国有企业对外直接投资额,这表明民营企业在扩大对外直接投资规模。表 7-1 是变量的描述性统计结果。

表 7-1　变量的描述性统计结果

变量	均值	标准差	最小值	最大值
$lnofdi1_{it}$	−2.9679	9.5503	−13.8155	10.3080
$lnofdi2_{it}$	−6.2889	9.2522	−13.8155	9.1570
$lnofdi3_{it}$	−6.0713	9.1400	−13.8155	10.1085
$lngdp_{it}$	11.5057	1.7297	8.0647	16.8374
$lnmr_{it}$	0.2147	0.2694	0.0000	1.4428
$lntrad_{it}$	8.1969	2.8545	0.0000	38.4305
$lnexp_{it}$	8.0686	1.7679	−2.6593	13.2639
$lnimp_{it}$	7.1244	2.5564	−3.9120	12.2711
$lnopen_{it}$	−1.0399	1.7196	−23.7367	3.1464
$lnwage_{it}$	8.8781	1.4436	5.6704	11.8037
$lnlaw_{it}$	0.0434	0.9985	−2.3333	2.1248
$lnpolr_{it}$	4.1652	0.1934	3.5553	4.5299
$lnecor_{it}$	3.6299	0.1325	2.7621	3.8918
$lnfinr_{it}$	3.5322	0.1809	1.8845	3.9120
$lnpolr_{it} * lngdp_{it}$	48.0459	8.3577	32.8912	74.4957
$lnecor_{it} * lnmr_{it}$	−9.0804	6.5974	−48.6865	1.4037
$lnfinr_{it} * lntrad_{it}$	29.0731	10.4586	0.0000	132.4831

2. 相关性和多重共线性分析

在开始回归分析之前,我们需要分析模型主要变量之间的相关性,以便确定模型是否存在系统性的多重共线性问题。通过分析相关系数矩阵,本文发现 $lnofdi_{it}$ 变量与 $lngdp_{it}$、$lntrad_{it}$、$lnexp_{it}$、$lnimp_{it}$、$lnpolr_{it} * lngdp_{it}$、$lnfinr_{it} * lntrad_{it}$ 的相关系数比较大,说明 $lnofdi_{it}$ 与这些变量之间的关系比较紧密,也就是说对外直接投资与东道国市场规模、东道国战略资产、东道国出口总额、东道国进口总额、政府风险与东道国市场规模的乘积、金融风险与东道国战略资产的乘积之间具有比较高的相关性。

本书考察模型各变量的方差膨胀因子(variance inflation factor,VIF)以再次评估模型是否存在系统性的多重共线性问题。VIF 是一个用于相对度量的变量,可以衡量因自变量的共线性引发的回归系数估计值方差增大的情况。一般来说,VIF 值越大(一般认为超过 10),则反映多重共线性问题较为严重。从表 7-2 多重共线性检验结果来看,各变量的 VIF 值均低于 10,各变量 VIF 均值为 3.67,说明各变量之间没有明显的关联性。

表 7-2　多重共线性检验结果

变量	VIF	1/VIF
$lngdp_{it}$	6.97	0.143531
$lnlaw_{it}$	6.01	0.166387
$lnpolr_{it}$	5.66	0.176783
$lnexp_{it}$	5.47	0.182689
$lnwage_{it}$	4.40	0.227320
$lnimp_{it}$	3.56	0.280882
$lnfinr_{it}$	2.27	0.440954
$lntrad_{it}$	2.03	0.493111
$lnecor_{it}$	1.50	0.666004
$lnopen_{it}$	1.27	0.787253
$lnmr_{it}$	1.25	3.802206
Mean VIF	3.67	

(二)实证分析

1. 平稳性检验

为确保估计结果的准确性并防止"伪回归"现象,通常要对面板数据进行平稳性分析,即应用单位根检验来检验数据序列的稳定性。单位根检验的方法分为两大类,一类是以 LLC 检验、Breitung 检验为代表,适用于同质面板数据;另一类则以 IPS 检验、ADF-Fisher 检验和 PP-Fisher 检验为代表,适合异质面板数据。为使检验结果具有更高的稳健性和可信度,本书将同时采用 LLC 检验、IPS 检验、Breitung 检验和 ADF-Fisher 检验。若两种检验结果均能拒绝存在单位根的原假设,我们就认为此数据序列平稳,反之则不平稳。

从表 7-3 四种平稳性检验结果来看，$lnexp_{it}$、$lnimp_{it}$、$lnopen_{it}$、$lnwage_{it}$、$lnlaw_{it}$、$lnpolr_{it}$、$lnpolr_{it} * lngdp_{it}$ 7 个变量的 IPS 检验和 Breitung 检验结果不能拒绝存在单位根的假设，LLC 检验和 ADF-Fisher 检验结果可以拒绝存在单位根的假设；$lngdp_{it}$ 变量的 Breitung 检验结果不能拒绝存在单位根的假设，而其他三种检验结果均可拒绝存在单位根的假设；其他变量的四种平稳性检验结果均可拒绝存在单位根的假设。因此，可以说明所有变量通过了平稳性检验，序列是平稳的。

表 7-3　四种平稳性检验结果

变量	LLC 检验		IPS 检验		Breitung 检验		ADF-Fisher 检验	
	检验值	p 值	检验值	p 值	检验值	p 值	检验值	p 值
$lnofdi1_{it}$	−28.021	0.000	−15.381	0.000	−13.009	0.000	19.735	0.000
$lnofdi2_{it}$	−26.831	0.000	−13.558	0.000	−13.962	0.000	17.744	0.000
$lnofdi3_{it}$	−32.183	0.000	−14.024	0.000	−10.910	0.000	17.857	0.000
$lngdp_{it}$	−15.790	0.000	4.707	0.000	15.226	1.000	17.328	0.000
$lnmr_{it}$	−17.677	0.000	−4.093	0.000	−3.904	0.000	11.400	0.000
$lntrad_{it}$	−38.730	0.000	−9.506	0.000	−2.411	0.008	14.858	0.000
$lnexp_{it}$	−25.541	0.000	4.715	1.000	7.454	1.000	11.480	0.000
$lnimp_{it}$	−21.777	0.000	−1.090	0.138	6.933	1.000	11.765	0.000
$lnopen_{it}$	−15.014	0.000	−3.150	0.001	8.925	1.000	16.692	0.000
$lnwage_{it}$	−21.337	0.000	−0.822	0.205	3.443	1.000	14.735	0.000
$lnlaw_{it}$	−15.024	0.000	−1.283	0.100	−1.296	0.098	13.567	0.000
$lnpolr_{it}$	−22.112	0.000	−2.274	0.012	−1.369	0.085	17.940	0.000
$lnecor_{it}$	−23.366	0.000	−5.566	0.000	−6.307	0.000	16.225	0.000
$lnfinr_{it}$	−21.995	0.000	−7.787	0.000	−8.634	0.000	13.728	0.000
$lnpolr_{it} * lngdp_{it}$	−12.466	0.000	5.364	1.000	5.612	1.000	11.716	0.000
$lnecor_{it} * lnmr_{it}$	−17.622	0.000	−4.172	0.000	−3.967	0.000	11.008	0.000
$lnfinr_{it} * lntrad_{it}$	−31.586	0.000	−8.952	0.000	−5.545	0.000	15.688	0.000

2. 总样本分析

鉴于中国对 124 个东道国开展的对外直接投资可能受到每个国家独特的"国情"影响,且可能存在不随时间改变的遗漏变量,考虑使用固定效应模型。本书分别引入六个面板模型考察国家风险对中国企业对外直接投资的影响,其中模型一仅引入 $lnpolr_{it}$ 作为核心解释变量,模型二引入 $lnpolr_{it}$ 和 $lnecor_{it}$ 作为核心解释变量,模型三引入 $lnpolr_{it}$、$lnecor_{it}$ 和 $lnfinr_{it}$ 作为核心解释变量,模型四引入 $lnecor_{it}$、$lnfinr_{it}$ 和 $lnpolr_{it} * lngdp_{it}$ 作为核心解释变量,模型五引入 $lnfinr_{it}$、$lnpolr_{it} * lngdp_{it}$ 和 $lnecor_{it} * lnmr_{it}$ 作为核心解释变量,模型六引入 $lnpolr_{it} * lngdp_{it}$、$lnecor_{it} * lnmr_{it}$ 和 $lnfinr_{it} * lntrad_{it}$ 作为核心解释变量。

表 7-4 是国家风险对中国企业对外直接投资影响的分析结果。第一,从各模型估计系数来看,东道国市场规模是中国企业开展对外直接投资时最主要考虑的因素,该基准控制变量的估计系数最大且在 99% 置信区间下显著。第二,东道国的劳动力平均工资水平是东道国劳动力成本的衡量指标。如果东道国的劳动力成本较低,那么该国对中国企业具有更大的投资吸引力,与变量 $lntrad_{it}$ 的估计系数相比,可见中国企业对东道国的直接投资依然以市场寻求型为主。第三,变量 $lnexp_{it}$ 的估计系数为正且在 90% 置信区间下显著,说明中国向东道国的出口额也是影响中国企业开展对外直接投资的重要因素。第四,东道国自然资源禀赋 $lnmr_{it}$ 的估计系数不显著,表明中国企业对外直接投资的投资动机并非寻求资源,已经从资源寻求型转变为市场寻求型。

从核心解释变量来看,政治风险 $lnpolr_{it}$ 的估计系数为负但不显著,而随着经济风险和金融风险变量的引入,$lnecor_{it}$ 和 $lnfinr_{it}$ 变量的估计系数显著且为正,表明若东道国的经济风险和金融风险较低,则中国对该东道国的对外直接投资规模将相对增大;从政治风险 $lnpolr_{it}$、经济风险 $lnecor_{it}$、金融风险 $lnfinr_{it}$ 与东道国市场规模 $lngdp_{it}$、东道国自然资源禀赋 $lnmr_{it}$、东道国战略资产 $lntrad_{it}$ 的交互项来看,仅金融风险 $lnfinr_{it}$ 与东道国战略资产 $lntrad_{it}$ 交互项的估计系数为正且显著,说明当东道国债务状况越稳定时,东道国战略资产的增加有助于吸引中国企业对该国的对外直接投资。

表 7-4　国家风险对中国企业对外直接投资影响的分析结果

变量	模型一	模型二	模型三	模型四	模型五	模型六
lngdp_{it}	7.750 ***	8.838 ***	8.452 ***	10.001 ***	9.465 ***	9.280 ***
lnmr_{it}	2.235	1.828	1.152	1.098	7.293	5.727
lntrad_{it}	0.081	0.078	0.089	0.092	0.096	−2.076
lnexp_{it}	0.715 *	0.709 *	0.779 *	0.787 *	0.805 *	0.800 *
lnimp_{it}	0.055	0.043	0.036	0.042	0.042	0.034
lnopen_{it}	0.038	0.053	0.051	0.060	0.051	0.066
lnwage_{it}	−4.589 ***	−5.735 ***	−6.309 ***	−6.330 ***	−5.730 ***	−5.696 ***
lnlaw_{it}	1.902	1.838	1.694	1.549	1.575	1.569
lnpolr_{it}	−3.631	−4.545	−5.426			
lnecor_{it}		4.768 *	2.755	2.654		
lnfinr_{it}			3.915 **	3.865 **	4.558 ***	
$\text{lnpolr}_{it} * \text{lngdp}_{it}$				−0.382	−0.351	−0.337
$\text{lnecor}_{it} * \text{lnmr}_{it}$					−1.660	−1.216
$\text{lnfinr}_{it} * \text{lntrad}_{it}$						0.624 ***
F	123.950 ***	2.940 ***	2.950 ***	2.950 ***	2.930 ***	2.900 ***
R^2	0.330	0.300	0.290	0.310	0.310	0.310

说明：***、**、* 分别表示在 1%、5%、10% 水平上显著。

从表 7-4 中还可以看到，六个估计模型的 F 统计量均显著，说明固定效应模型优于混合 OLS（普通最小二乘法）模型，拟合度均在 0.300 左右，六个模型估计结果比较合适。

3.分样本分析

（1）国有企业分样本

本书将样本数据划分为国有企业和民营企业两大类别，将公式（7-20）的因变量分别设定为国有企业对外直接投资和民营企业对外直接投资，以有效辨识东道国国家风险对中国国有企业对外直接投资和民营企业对外直接投资的异质性影响。与总样本分析相同，各解释变量不变，引入六个实证模型。

国家风险对中国国有企业对外直接投资影响的分析结果见表 7-5。从各个模型的估计系数可以看出，中国国有企业开展对外直接投资的最重要影响因素是东道国的市场规模,除模型一以外,其余模型中 $lngdp_{it}$ 的估计系数在90%及以上的置信区间显著,但与总样本相比,国有企业分样本中东道国市场规模 $lngdp_{it}$ 的估计系数要小。其次的影响因素是东道国劳动力平均工资水平,除模型一以外,其余模型中 $lnwage_{it}$ 的估计系数为负且在90%及以上的置信区间上显著,说明中国国有企业开展对外直接投资的重要驱动力是东道国的劳动力成本优势。与总样本不同的是,在国有企业分样本中,东道国制度变量 $lnlaw_{it}$ 在模型一、模型二和模型三中显著且为正,且估计系数高于总样本中各模型的估计系数,说明中国国有企业对东道国开展对外直接投资行为时,会考虑东道国的法治水平。东道国自然资源禀赋 $lnmr_{it}$ 的估计系数不显著,说明中国国有企业对外直接投资的投资动机也并非寻求资源,已经从资源寻求型转变为市场寻求型。

表 7-5 国家风险对中国国有企业对外直接投资影响的分析结果

变量	模型一	模型二	模型三	模型四	模型五	模型六
$lngdp_{it}$	2.586	3.096*	3.219*	4.919**	5.012**	4.709**
$lnmr_{it}$	3.157	2.830	1.634	1.590	−3.931	−8.177
$lntrad_{it}$	0.159	0.156	0.176	0.178	0.177	−2.800***
$lnexp_{it}$	−0.136	−0.142	−0.017	−0.010	−0.013	−0.031
$lnimp_{it}$	−0.117	−0.127	−0.139	−0.134	−0.129	−0.133
$lnopen_{it}$	−0.200	−0.189	−0.192	−0.185	−0.184	−0.164
$lnwage_{it}$	−1.948	−2.872*	−3.887***	−3.903***	−3.967***	−3.823***
$lnlaw_{it}$	2.528*	2.476*	2.223*	2.099	2.094	2.108
$lnpolr_{it}$	−3.254	−3.991	−5.550			
$lnecor_{it}$		3.840	2.849	0.189		
$lnfinr_{it}$			1.810***	6.868**	6.800***	
$lnpolr_{it}$ * $lngdp_{it}$				−0.419	−0.424	−0.393
$lnecor_{it}$ * $lnmr_{it}$					1.510	2.720
$lnfinr_{it}$ * $lntrad_{it}$						0.855***
R^2	0.270	0.240	0.200	0.201	0.198	0.208
F	2.550***	2.550***	2.610***	2.600***	2.650***	2.630***

说明:***、**、*分别表示在1%、5%、10%水平上显著。

在核心解释变量上,政治风险 $lnpolr_{it}$ 和经济风险 $lnecor_{it}$ 均不显著,而随着金融风险变量的引入, $lnfinr_{it}$ 变量的估计系数显著且为正,说明当东道国的金融风险降至较低水平时,中国对该东道国的对外直接投资规模也将相应增加。从政治风险 $lnpolr_{it}$ 、经济风险 $lnecor_{it}$ 、金融风险 $lnfinr_{it}$ 与东道国市场规模 $lngdp_{it}$ 、东道国自然资源禀赋 $lnmr_{it}$ 、东道国战略资产 $lntrad_{it}$ 的交互项来看,仅金融风险 $lnfinr_{it}$ 与东道国战略资产 $lntrad_{it}$ 交互项的估计系数为正且显著,该估计系数高于总样本的估计系数,说明当东道国债务状况稳定时,东道国战略资产的增加会更有助于吸引中国国有企业对该国的对外直接投资。

从表 7-5 中还可以看到,六个估计模型的 F 统计量均显著,说明固定效应模型优于混合 OLS 模型,拟合度均在 0.2 左右,六个模型估计结果比较合适。

(2)民营企业分样本

国家风险对中国民营企业对外直接投资影响的分析结果见表 7-6。从民营企业分样本来看,东道国的市场规模 $lngdp_{it}$ 是影响中国民营企业开展对外直接投资的最重要因素,该估计系数不仅显著为正,而且估计系数值高于总样本和国有企业样本。第二个影响因素是东道国劳动力平均工资水平,该估计系数在 99% 置信水平上显著为负,且该估计系数的绝对值高于国有企业分样本。与国有企业分样本有所不同的是,东道国制度变量 $lnlaw_{it}$ 在各个模型中均显著为正,说明与国有企业相比,在开展对外直接投资中中国民营企业更关注东道国的法治水平。在民营企业分样本中,东道国的市场开放程度 $lnopen_{it}$ 显著为正,说明东道国对外资的开放能够更好地吸引中国民营企业在该国的对外直接投资。东道国自然资源禀赋 $lnmr_{it}$ 的估计系数不显著,说明中国民营企业对外直接投资并不是为了寻求海外战略资源,而是更倾向于寻求市场机会。

在核心解释变量上,政治风险 $lnpolr_{it}$ 和经济风险 $lnecor_{it}$ 均不显著,而随着金融风险变量的引入, $lnfinr_{it}$ 变量的估计系数显著且为正,说明当东道国的宏观风险相对较低时,中国对东道国的对外直接投资规模将相对增加;从政治风险 $lnpolr_{it}$ 、经济风险 $lnecor_{it}$ 、金融风险 $lnfinr_{it}$ 与东道国市场规模 $lngdp_{it}$ 、东道国自然资源禀赋 $lnmr_{it}$ 、东道国战略资产 $lntrad_{it}$ 的交互项来看，仅金融风险 $lnfinr_{it}$ 与东道国战略资产 $lntrad_{it}$ 交互项的估计系数为正且显著，该估计系数低于总样本和国有企业分样本的估计系数，说明当东道国债务状况越稳定时，东道国战略资产的增加会有助于吸引中国民营企业对该国的对外直接投资。

表 7-6　国家风险对中国民营企业对外直接投资影响的分析结果

变量	模型一	模型二	模型三	模型四	模型五	模型六
$lngdp_{it}$	10.510***	10.907***	10.943***	12.089***	11.172***	11.083***
$lnmr_{it}$	0.115	−0.140	−0.485	−0.524	28.251	29.580
$lntrad_{it}$	0.056	0.054	0.060	0.062	0.069	−1.690**
$lnexp_{it}$	0.593	0.588	0.624	0.630	0.663*	0.673*
$lnimp_{it}$	0.158	0.151	0.147	0.151	0.131	0.123
$lnopen_{it}$	0.302**	0.311*	0.310*	0.317*	0.304*	0.317*
$lnwage_{it}$	−5.554***	−6.274***	−6.567***	−6.582***	−5.730***	−5.810***
$lnlaw_{it}$	2.413*	2.372*	2.300*	2.194*	2.238*	2.200*
$lnpolr_{it}$	−2.968	−3.542	−3.991			
$lnecor_{it}$		2.991	1.966	1.892		
$lnfinr_{it}$			1.996*	1.959*	3.012*	
$lnpolr_{it} *$ $lngdp_{it}$				−0.282	−0.233	−0.235
$lnecor_{it} *$ $lnmr_{it}$					−7.830	−8.216
$lnfinr_{it} *$ $lntrad_{it}$						0.506***
F	3.220***	3.230***	3.230***	3.220***	3.210***	3.190***
R^2	0.350	0.339	0.336	0.336	0.350	0.352

说明：***、**、* 分别表示在 1%、5%、10% 水平上显著。

四、实证结论

本书选取 124 个国家作为中国开展对外直接投资的东道国，以东道国市场规模（$lngdp_{it}$）、东道国自然资源（$lnmr_{it}$）、东道国战略资产禀赋（$lntrad_{it}$）为基准控制变量；基本控制变量包括中国向东道国的出口总额（$lnexp_{it}$）、中国从东道国的进口总额（$lnimp_{it}$）、东道国对外国投资的开放程度（$lnopen_{it}$）、东道国劳动力平均工资水平（$lnwage_{it}$）和东道国制度变量（lnlaw$_{it}$）；东道国的政治风险（lnpolr$_{it}$）、经济风险（lnecor$_{it}$）、金融风险（lnfinr$_{it}$）以及它们与 lngdp$_{it}$、lnmr$_{it}$、lntrad$_{it}$ 的交互项为核心控制变量，分别从总样本、国有企业分样本和民营企业分样本对国家风险对中国企业对外直接投资的影响进行了实证分析，得到以下实证结论：

第一，东道国市场规模是影响中国企业尤其是民营企业开展对外直接投资的最主要因素。东道国市场规模不仅反映了东道国的经济规模还体现了其人口规模，该变量对中国企业对外直接投资的影响显著且为正；从估计系数来看，该变量对中国民营企业对外直接投资的影响更大，对国有企业对外直接投资的影响相对更小。从整体来看，中国企业对外直接投资不以资源寻求为投资动机，表现为市场寻求型。

第二，东道国劳动力平均工资水平也是影响中国企业尤其是民营企业开展对外直接投资的重要因素。无论是从总样本还是国有企业分样本和民营企业分样本来看，东道国劳动力平均工资水平 lnwage$_{it}$ 变量的估计系数为负且显著，说明当东道国劳动力成本相对较低时，该国对中国企业直接投资的吸引力将相对增加。从分样本比较来看，民营企业分样本的估计系数绝对值更大，说明中国民营企业比国有企业更关注东道国的劳动力平均工资水平。

第三，中国企业开展对外直接投资时，中国与东道国的贸易往来是重要的影响因素。从总样本来看，中国对东道国的出口额对中国企业对外直接投资产生显著且为正的影响，说明中国企业通过对外直接投资，旨在规避东道国的贸易壁垒和扩大其在东道国的市场份额，这种投资方式已成为中国企业在东道国开拓市场的关键手段。但该变量在国有企业和民营企业分样本中不显著。

第四，民营企业开展对外直接投资时更关注东道国的法治水平。在东道国制度变量 lnlaw$_{it}$ 方面，民营企业分样本在各个模型中均显著且为正，国有企业分样本仅在模型一、模型二和模型三中显著且为正，说明与国有企业相比，民营企业开展对外直接投资时更关注东道国的法治水平。

第五，相比较于政治风险和经济风险，中国企业对外直接投资中更关注金融风险。无论是总样本还是国有企业分样本和民营企业分样本，在引入金融风险时该变量显著且为正,同时该变量与东道国战略资产 $lntrad_{it}$ 的交互项也显著且为正,说明东道国债务状况越稳定,对中国企业直接投资的吸引力越大。

第八章　经营风险对中国民营企业
对外直接投资的影响

本章首先根据异质性贸易理论模型,探讨经营风险对民营企业开展对外直接投资活动的影响机制,其次借助 Logit 模型(logit model)和 Probit 模型(probit model),分析融资能力对中国民营企业和国有企业对外直接投资的影响并进行了比较分析,认为融资成本是制约中国民营企业对外直接投资的重要因素,而民营企业融资能力的提升能够增强其开展对外直接投资活动的意愿;与国有企业不同,民营企业经营效率的提高会增强其开展对外直接投资的意愿。

第一节　经营风险对中国民营企业
对外直接投资的影响机制

一、经营风险影响中国民营企业对外直接投资的问题提出

民营企业开展对外直接投资活动所面临的经营风险有商业风险和企业自身经营管理风险,本书着重从融资风险角度考察民营企业对外直接投资的经营风险。民营企业开展对外直接投资活动,既能有效地减轻国内产能过剩的压力,克服资源环境的约束,也有助于跨越东道国设立的贸易壁垒,降低贸易摩擦,缓和贸易失衡现象。同时,这还为国内企业获取更多的技术外溢提供了可能性,从而提升民营企业的竞争实力。然而资

金向来是限制企业海外并购的严重瓶颈:一方面,中国尚未开放外汇管制,包括民营企业在内的中国企业很难在国内通过国际融资购买国外品牌和资源、能源;另一方面,国内金融机构对中国企业海外投资的资金支持还不到位,民营企业贷款规模占全部贷款规模的比重不足 30%。[1] 由于自身资金实力单薄、企业规模有限、缺乏海外经营经验等因素,民营企业"走出去"一直缺乏金融机构的资金支持。2008 年金融危机爆发后,中国大量民营企业加速了国际化经营步伐,但由于自身实力的原因和跨国经营的巨大潜在风险,很难取得国内金融机构的资金支持。所以,在当前形势下,如何解决资金缺口将是众多"走出去"的民营企业所面临的严峻挑战。

基于上述事实,本书将从融资风险的角度讨论经营风险对民营企业对外直接投资的影响,实证检验融资能力对民营企业对外直接投资的影响程度,以便为中国民营企业的进一步"走出去"提供政策建议。

二、经营风险影响中国民营企业对外直接投资的理论机制

本书参照 Buch 等(2006)学者的研究方法,运用异质性贸易理论模型来探讨经营风险如何影响民营企业的对外直接投资行为。假设开展对外直接投资的民营企业符合垄断竞争模型设定,其消费者效用函数如下:

$$U = \left\{ \int_{\sigma \in \forall} (D(\sigma)^{\frac{\omega-1}{\omega}} \mathrm{d}x \right\}^{\frac{\omega-1}{\omega}} \tag{8-1}$$

式中 ∀ 代表所有可能存在的产品种类数量集,ω 代表替代弹性,且 $\omega > 1$。

对效用函数(8-1)进行最优求解,可以得到相应的需求函数:

$$D(p,P) = D = \frac{Ep^{-\omega}}{p^{1-\omega}} \tag{8-2}$$

公式(8-2)中,企业产品价格以 p 表示,而 P 则代表价格指数。

---

[1] 袁海霞等.民企再迎政策支持,融资难能否破局?[EB/OL].(2022-03-24)[2024-03-25]. https://finance.sina.com.cnjjxw2022-03-24/doc-imcwipii0343218.shtml.

在进行对外直接投资的过程中,民营企业有内部融资和外部融资两种融资方式可以选择。然而,任何一种融资方式,都需要民营企业承担一定的成本;事实上,外部融资成本往往高于内部融资成本。假设民营企业在对外直接投资过程中,其固定成本为 C,边际成本为 $\frac{c}{\delta}$(其中 c 为每一单位的成本,δ 表示民营企业生产效率)。对于固定成本 C,民营企业选择外部融资的概率为 τ,而选择内部融资的概率则为 $1-\tau$。由于外部融资的成本较高,因此企业选择外部融资的成本会增加 θ 倍($\theta > 1$)。θ 越大,意味着民营企业需要承担的融资成本就越高,融资风险也就越大。

根据以上逻辑,可以定义民营企业的利润函数如下:

$$R_e = p \times D - \theta \left(D \times \frac{c}{\delta} + C \right) \tag{8-3}$$

求解利润最大化的条件,此时利润函数为:

$$R_e = \frac{E}{\omega} \left[\frac{\theta c}{p\delta} \times \frac{\omega}{1-\omega} \right]^{1-\omega} - \theta\, C \tag{8-4}$$

将企业外部融资的概率和成本纳入公式(8-4)中,对于开展对外直接投资活动的企业来说,其期望函数如下:

$$E(R) = (1-\tau)\left[\frac{E}{\omega} \left(\frac{c}{p\delta} \times \frac{\omega}{1-\omega} \right)^{1-\omega} - \theta\, C \right] + \tau\left[\frac{E}{\omega} \left(\frac{c}{p\delta} \times \frac{\omega}{1-\omega} \right)^{1-\omega} - \theta\, C \right] \tag{8-5}$$

由上式可知,在其他条件不变的情况下,企业外部融资成本 θ 越高,企业对外直接投资的期望收益 $E(R)$ 越低,企业对外直接投资的概率越低。由于国有企业在过去长期享受政府支持和信用背书的优待,其外部融资成本相对较低;而民营企业由于缺乏政府背书,具有较差的信用评级,往往需要支付更高的融资成本。因此,融资成本是制约中国民营企业对外直接投资的重要因素。

第二节　经营风险影响中国民营企业
对外直接投资的实证检验

一、模型构建

本书主要围绕民营企业对外直接投资进行研究,构建面板二值选择模型来研究上市民营企业的对外直接投资决策,模型构建如下:

$$P_{it} = \alpha_0 + \alpha_1 X_{1it} + \alpha_2 X_{2it} + \alpha_3 X_{3it} + \alpha_4 X_{4it} + \alpha_5 X_{5it} + \mu_{it} \qquad (8\text{-}6)$$

其中因变量 P_{it} 为中国民营企业在 2005—2021 年间是否进行对外直接投资业务,如果有则记为 1;如果无则记为 0。自变量 X_{1it} 为核心解释变量,主要为民营企业的融资能力;X_{2it}、X_{3it}、X_{4it}、X_{5it} 为控制变量,主要有应收账款比率、固定资产比率和经济发展水平等因素。

二、变量说明与数据来源

第一,被解释变量 P_{it} 表示企业是否进行对外直接投资,采用二元虚拟变量(取值为 0 和 1)来表示企业,即如果企业 i 在时期 t 进行对外直接投资则 P_{it} 为 1,若未进行则 P_{it} 为 0。数据来源于 BvD-Zephyer 全球并购交易数据库、fDi markets 数据库、国泰安数据库,运用 BvD-Zephyer 全球并购交易数据库和 fDi markets 数据库与国泰安数据库手动匹配的方式获得开展对外直接投资企业样本。

第二,X_{1it} 为核心解释变量,表示企业的融资能力,以(企业流动资产—企业流动负债)/企业总资产来表示。该比值较高的企业说明拥有较高的偿债能力和较好的短期借款能力,往往更容易获得银行和投资者的信任。

第三,X_{2it} 为中国经济发展水平,用对数化的人均 GDP 表示,数据来源于《中国统计年鉴》。考虑到一国的对外直接投资规模与该国经济发展水平息息相关,本书根据邓宁的投资发展周期理论以人均 GDP 表示中国经济发展水平。

第四,X_{3it} 表示企业的投资规模,用固定资产比率即企业固定资产与总资产的比值表示。该变量越大,说明企业的资金运用存在的风险越大,企业流动资产比率越低,破产的风险越小。

第五,X_{4it} 表示企业的经营效率,用应收账款比率即应收账款与主营业务收入的比值表示。该变量越大,表示企业销售产品回款速度越慢,客户占用公司资金越多,企业的流动资金越紧张,从而导致企业的经营效率越低。

第五,X_{5it} 表示企业的偿债能力,用流动比率即流动资产与流动负债的比值表示。该指标越高表示企业资产的流动性越强,相应地,企业的短期偿债能力也越强,从而减小了企业的财务风险;当然过高的流动比率可能会影响企业的资金使用效率和获利能力。

三、实证结果

(一)样本说明

本书采用 BvD-Zephyer 全球并购交易数据库和 fDi markets 数据库与国泰安数据库手动匹配的方式获得开展对外直接投资的企业,同时剔除被标记为 ST(其他风险警示)、*ST(退市风险警示)、PT(特别转让)等异常经营企业和数据不全企业,共得到 687 家上市企业,其中开展对外直接投资的上市企业共 232 家;国有上市企业共 424 家,国有企业中开展对外直接投资的上市企业共 135 家;民营上市企业共 230 家,民营上市企业中开展对外直接投资的企业共 90 家。为了有效对比国有企业和民营企业融资风险对企业对外直接投资的异质性影响,本书针对国有企业和民营企业 2 个分样本展开回归分析。

(二)描述性统计

从表 8-1 来看,样本总观测值为 13053 个,从变量 P 的均值来看,样本中多数企业未开展对外直接投资;从标准差来看,除变量 X_{4it} 和 X_{5it}

外,其他变量的标准差较小,说明这些变量的数据分布较为集中,而变量 X_{4it} 和 X_{5it} 的离散程度较大;从偏度来看,X_{1it} 和 X_{2it} 变量的偏度为负,变量的均值左侧的离散程度高于右侧,其他变量的偏度为正;从峰度来看,X_{1it}、X_{4it} 和 X_{5it} 的峰度较大,呈现尖峰状态。

表 8-1　总样本描述性统计结果

变量	P_{it}	X_{1it}	X_{2it}	X_{3it}	X_{4it}	X_{5it}
观测值	13053	13053	13053	13053	13053	13053
均值	0.337	0.124	10.446	0.261	0.195	1.665
标准差	0.472	0.249	0.614	0.187	1.834	1.885
最小值	0.000	−10.164	9.271	0.000	0.000	0.010
最大值	1.000	0.911	11.301	0.970	200.048	55.740
方差	0.223	0.062	0.378	0.035	3.364	3.550
偏度	0.686	−7.872	−0.432	0.716	101.220	10.860
峰度	1.471	289.090	1.962	2.913	10860.850	209.360

(三)回归结果及分析

本章分别利用 Probit 模型和 Logit 模型对 3 个样本方程进行回归。表 8-2 是回归结果,其中模型(1)是总样本,模型(2)是国有企业样本,模型(3)是民营企业样本。从 R^2 结果和变量的显著性来看,Logit 模型回归结果显著性相对高一些。从回归结果来看,X_{1it} 的系数显著为正,这表明企业融资能力的提升将有助于增强企业对外直接投资的意愿;就民营企业和国有企业融资能力来说,民营企业融资能力的提高更能促进民营企业开展对外直接投资活动。总样本中 X_{2it} 系数为正但不显著,民营企业分样本中 X_{2it} 系数显著为正,说明中国经济增长有助于增强企业尤其是民营企业对外直接投资的意愿;国有企业分样本中,X_{2it} 系数为负且不显著,说明对国有企业而言,国家经济增长并非国有企业开展对外直接投资活动的驱动因素。从投资规模 X_{3it} 来看,企业投资规模增加不利于企业开展对外直接投资,这是因为对企业而言,投资规模越大,企业资金运用存在的风险越大,对企业经营不利。从经营效率 X_{4it} 来看,X_{4it} 的系数为正,企业经营效率提高有助于增强企业尤其是民营企业对外直接投资的意愿,对国有企业而言,其经营效率并未对其对外直接投资产生显著影响,说明国有企业由于其自身具备的优势,在经营效率方面并不注重。X_{5it} 的系数显著为正,说明企业偿债能力提高也有助于增强企业对外直接投资的意愿,从国有企业和民营企业分样本回归系数来看,国有企业偿债能力的提高更有利于增强国有企业的对外直接投资意愿。总体来看,无论是国有企业还是民营企业,融资能力是所有因素中最能决定企业对外直接投资意愿的因素。

表 8-2　回归结果

变量	Probit 回归			Logit 回归		
	(1)	(2)	(3)	(1)	(2)	(3)
C	−0.234 (0.257)	0.175 (0.508)	−0.943*** (0.008)	−0.374 (0.269)	0.292 (0.503)	−1.561*** (0.007)
X_{1it}	0.462*** (0.000)	0.249* (0.060)	0.660*** (0.000)	0.510*** (0.000)	0.544** (0.018)	0.960*** (0.000)
X_{2it}	0.005 (0.788)	−0.024 (0.325)	0.064* (0.051)	0.010 (0.752)	−0.034 (0.391)	0.106** (0.046)
X_{3it}	−0.461*** (0.000)	−0.533*** (0.000)	0.035 (0.795)	−0.758*** (0.000)	−0.861*** (0.000)	0.061 (0.781)
X_{4it}	0.321*** (0.000)	0.107 (0.137)	0.473*** (0.000)	0.533*** (0.000)	0.163 (0.177)	0.820*** (0.000)
X_{5it}	0.106*** (0.000)	0.194*** (0.000)	0.059*** (0.000)	0.186*** (0.000)	0.292*** (0.000)	0.097*** (0.000)
R^2	0.013	0.016	0.017	0.013	0.017	0.017

注:括号内为 p 值。***、**、*分别表示在1%、5%、10%水平上显著。

(四)边际效应结果

为了更好地讨论各个变量对企业对外直接投资决策的影响,本书对总样本(模型1)、国有企业分样本(模型2)、民营企业分样本(模型3)分别进行了 Probit、Logit 边际效应分析,边际效应结果见表 8-3。从 Logit 模型边际效应结果来看,对国有企业而言,融资能力 X_{1it} 增加1%时,国有企业开展对外直接投资活动的概率会增加0.116;对民营企业而言,融资能力 X_{1it} 增加1%时,民营企业开展对外直接投资活动的概率会增加0.230,可见提高民营企业融资能力、降低民营企业融资风险能够更好地促进民营企业开展对外直接投资活动。对民营企业而言,经营效率 X_{4it}

提高 1%，则民营企业开展对外直接投资活动的概率会增加 0.191；对国有企业而言，需要把握好投资规模的扩张幅度，因为国有企业投资规模扩张 1%，会使国有企业开展对外直接投资的概率降低 0.183。

表 8-3　边际效应结果

变量	Probit 回归			Logit 回归		
	(1)	(2)	(3)	(1)	(2)	(3)
X_{1it}	0.160*** (0.000)	0.870*** (0.000)	0.250** (0.040)	0.113*** (0.641)	0.116** (0.018)	0.230*** (0.000)
X_{2it}	0.002 (0.788)	0.008 (0.225)	0.024* (0.051)	0.002 (0.752)	0.007 (0.391)	0.025** (0.045)
X_{3it}	−0.166*** (0.000)	−0.187*** (0.000)	0.013 (0.795)	−0.167*** (0.000)	−0.183*** (0.000)	0.014 (0.781)
X_{4it}	0.116*** (0.000)	0.040 (0.137)	0.178*** (0.000)	0.117*** (0.000)	0.035 (0.177)	0.191*** (0.000)
X_{5it}	0.040*** (0.000)	0.068*** (0.000)	0.022*** (0.000)	0.040*** (0.000)	0.077*** (0.000)	0.023*** (0.000)

注：括号内为 p 值，***、**、* 分别表示在 1%、5%、10% 水平上显著。

四、经营风险对中国民营企业对外直接投资影响的实证结论

第一，融资成本是中国民营企业开展对外直接投资的重要约束。从影响机制分析结果来看，核心解释变量 X_{it} 在 Probit 模型和 Logit 模型中均显著为正。

第二，提高民营企业的融资能力有助于提升民营企业对外直接投资的意愿。从回归结果和边际效应结果来看，融资能力成为中国民营企业进行对外直接投资的主要限制因素。如果民营企业的融资能力 X_{1it} 能够增加 1%，民营企业进行对外直接投资活动的概率会增加 0.23，且这个概率高于国有企业。

第三，中国经济发展对民营企业开展对外直接投资活动的影响更大。从回归结果和边际效应结果来看，中国经济发展 X_{2it} 对民营企业对外直接投资的影响显著为正，说明中国经济发展是促使中国民营企业成长的重要因素，民营企业实力的不断增强是其开展对外直接投资活动的坚实

基础。

　　第四,民营企业经营效率的提高也是促进其开展对外直接投资活动的重要因素。与国有企业不同,民营企业经营效率的提高会促使民营企业开展对外直接投资,说明以追求效率为第一原则的民营企业通过提高企业信誉、优化资本结构和加强资金管理等方法,不断提高企业资本运作效率,这成为促进民营企业开展对外直接投资活动的重要因素。

第九章　金融风险对中国民营企业
对外直接投资的影响

本章基于汇率上升(母国货币贬值)和民营企业对外直接投资同向变动的事实,首先提出汇率风险与中国民营企业对外直接投资的非线性影响机制,其次借助非线性自回归模型,以 2005 年 1 月至 2021 年 12 月为样本时间,实证检验了汇率波动对中国民营企业对外直接投资的非线性影响,揭示了汇率波动对中国企业对外直接投资的影响呈正向相关性;与国有企业相比,民营企业对外直接投资更倾向于考虑汇率波动的风险;人民币汇率波动对中国企业对外直接投资的影响存在"J 曲线效应"。

第一节　金融风险对中国民营企业
对外直接投资的影响机制

一、金融风险影响中国民营企业对外直接投资的问题提出

考虑到金融风险中汇率风险一直是一个重要的问题,本书将金融风险聚焦于汇率风险,考察汇率风险对不同类型企业对外直接投资所产生的影响。对中国经济而言,这个问题更为关键:过去数十年间,中国企业尤其是民营企业的对外直接投资经历了快速增长,与此同时伴随着人民币汇率的逐渐自由化。如前所述,自 2000 年以来,中国对外直接投资持续增长,成为世界第三大对外投资国家。自 2005 年以来,人民币对美元

的汇率经历了近30%的升值,同时人民币对欧元、日元以及其他全球主要货币的汇率也表现出波动性。值得注意的是,2005年,中国对外直接投资显著增长,同时这一年也是人民币汇率波动的起始年。通过对大多数国家的研究,学者们发现母国货币贬值会刺激出口,而对外投资往往被视为出口的替代手段,因而母国货币贬值会抑制对外直接投资。然而,中国的对外直接投资与人民币汇率波动之间的关系,呈现出一种与大多数国家截然不同的趋势,人民币贬值不仅促进了出口,同时也刺激了中国企业开展对外直接投资。

人民币汇率改革经历了几个阶段,1994年汇率并轨以后,中国实行以市场供求为基础的单一的、有管理的浮动汇率制,2005年,中国人民银行宣布参照一篮子货币,根据市场供应和需求情况,实施有调整的、有管理的浮动汇率制度。这意味着人民币汇率不再仅与美元挂钩,而是根据经常项目、外部债务来源以及外商投资的主要货币类型来选择货币篮子及其权重。闭市后中国人民银行公布当日人民币汇率收盘价,并规定了每日银行间外汇市场人民币交易价的浮动幅度。同时,中国对外直接投资也经历了快速增长的过程,从2004年的54.9亿美元增长到2021年的1788.19亿美元。中国历年人民币实际有效汇率和对外直接投资规模如图9-1所示,人民币实际有效汇率和中国对外直接投资总额,特别是民营企业的对外直接投资总额,均呈现出上升趋势。换句话说,随着民营企业对外直接投资的增加,人民币汇率呈现贬值的现象。

汇率上升和民营企业对外直接投资的同向变动与已有理论相悖:货币贬值通常被视为刺激出口的因素,它减少了企业在海外进行生产的意愿。然而,为何会出现这种看似相矛盾的现象呢?中国的对外直接投资,特别是民营企业的对外直接投资,存在哪些独特之处?人民币汇率的波动与民营企业的对外直接投资又存在怎样的联系?这些都是本章需要深入探讨和解答的问题。

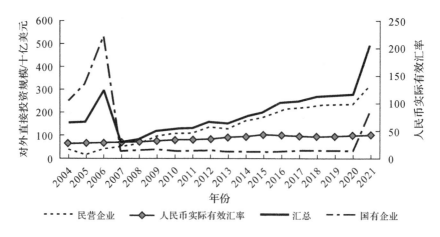

图 9-1　中国历年人民币实际有效汇率和对外直接投资规模

注:人民币实际有效汇率以 2020 年为基期,数据来源于国际清算银行;对外直接投资规模为流量数据。

二、金融风险影响中国民营企业对外直接投资的理论机制

为了解答这个问题,我们需要探索汇率对对外直接投资的影响机制。汇率作为一个重要的因素,它从汇率水平、汇率风险以及预期的汇率变动三个方向对企业对外直接投资的水平产生影响。汇率水平的变动意味着货币的升值或贬值,由于人民币的波动受到中央银行的控制,因此相比于其他两个因素,汇率水平对企业对外直接投资的影响更为显著。关于汇率对企业对外直接投资影响的研究,一般认为存在以下几种途径:(1)成本节约效应,即随着母国货币的升值,企业在海外扩张和建立生产基地的成本相应降低;(2)出口替代效应,即母国货币升值抑制了本国出口,因此企业通过对外直接投资实现当地生产和当地销售的动机更加强烈;(3)对外直接投资所带来的融资效应,即在不完全的资本市场中,企业更倾向于通过内部融资来推动海外投资;(4)第三国汇率水平和波动对企业对外直接投资的影响等。其中,出口替代效应最为常见。这是因为发达国家开展的投资以制造业生产型为主,生产型投资具有一种水平投资功能,采取的是就近的选择方式,与出口之间存在着取舍关系,出口替代效应便是这

种关系的体现。也就是说，企业需要决定是在本国生产产品然后出口到海外，还是在目标市场国开展对外直接投资实现当地生产。这种关系意味着汇率波动可能会使出口与生产型投资之间产生替代效应。以母国货币贬值为例，大部分研究均表明这会导致该国对外直接投资的减少。

本书构建一个两国（母国 A 和东道国 B）、两企业模型，母国 A 的一家企业计划在东道国 B 建立一家公司，考虑到该投资企业的投资目的，若东道国 B 为发达经济体，则此类投资被认为是为了获取该市场的技术、管理经验等，将其归类为市场导向型对外直接投资；反之，若东道国 B 为发展中国家，那么此类投资被认为是为了规避母国高昂的生产成本，在东道国寻求有价格竞争力的生产要素，因此将其视为成本抑制型对外直接投资。

假设母国和东道企业所采用的生产函数均为标准的科布—道格拉斯生产函数：

$$Y = \gamma K^{\alpha} L^{\beta} \tag{9-1}$$

其中，γ 为技术水平，K 和 L 分别为企业的资本和劳动力投入，α 和 β 分别是资本产出和劳动产出的弹性系数。

假设实际汇率 E_r 是随机变量，服从正态分布，即 $E_r \sim N(\mu, \sigma^2)$，其中 μ 为均值，σ^2 为方差。

母国 A 企业在东道国开展对外直接投资所获利润为：

$$\pi_A = P_B e_{A/B} (\gamma K_B^{\alpha} L_B^{\beta}) - e_{A/B} (r_B K_B + w_B L_B) \tag{9-2}$$

其中 P_B 是产品价格，以东道国 B 的货币计价，$e_{A/B}$ 是以 A 国货币间接标价法表示的汇率。

假设母国企业的利润为绝对风险厌恶函数，期望效用如下：

$$E(U) = -e^{-\lambda [E(\pi) - \frac{1}{2} \text{Var}(\pi)]} \tag{9-3}$$

其中 λ 为绝对风险厌恶系数，将期望效用最大化得到：

$$\text{Max} E(U) = \text{Max} \left[E(\pi) - \frac{1}{2} \text{Var}(\pi) \right] \tag{9-4}$$

根据母国 A 企业在东道国开展直接投资的利润函数，得到：

$$E(\pi_A) = P_B \mu (\gamma K_B^{\alpha} L_B^{\beta}) - \mu (r_B K_B + w_B L_B) \tag{9-5}$$

$$\text{Var}(\pi_A) = \sigma^2 P_B (\gamma K_B^{\alpha} L_B^{\beta}) - \sigma^2 (r_B K_B + w_B L_B) \tag{9-6}$$

将(9-5)和(9-6)代入(9-4)中,得到:

$$\mathrm{Max}E(U) = \mathrm{Max}\left\{ \begin{array}{l} P_B\mu(\gamma K_B^{\alpha}L_B^{\beta}) - \mu(r_B K_B + w_B L_B) - \\ \frac{\lambda}{2}\sigma^2\left[P_B(\gamma K_B^{\alpha}L_B^{\beta}) - (r_B K_B + w_B L_B)\right] \end{array} \right\} \quad (9\text{-}7)$$

将(9-7)对 K_B 和 L_B 求导,得到:

$$\frac{\partial E(U)}{\partial K_B} = P_B\mu\gamma\alpha K_B^{\alpha-1}L_B^{\beta} - \mu r_B - \frac{\lambda}{2}\sigma^2 P_B\gamma\alpha K_B^{\alpha-1}L_B^{\beta} + \frac{\lambda}{2}\sigma^2 r_B = 0$$

$$(9\text{-}8)$$

$$\frac{\partial E(U)}{\partial L_B} = P_B\mu\gamma\beta K_B^{\alpha}L_B^{\beta-1} - \mu w_B - \frac{\lambda}{2}\sigma^2 P_B\gamma\beta K_B^{\alpha}L_B^{\beta-1} + \frac{\lambda}{2}\sigma^2 w_B = 0$$

$$(9\text{-}9)$$

将(9-8)和(9-9)取对数,整理后得到:

$$\log K_B = \frac{2}{\alpha+\beta-1}(\log\sigma - \frac{\beta}{2}Z) \textcircled{1} \quad (9\text{-}10)$$

(一)国有企业对外直接投资

白云飞、栾彦(2009)认为民营企业人力资本对经济增长的带动作用明显大于非民营企业的人力资本。张涛、刘宽斌、熊雪(2018)认为民营制造企业技术效率相对国有企业有微弱优势,纯技术效率方面,民营企业占据较大优势。综合来看,国有企业资本产出和劳动产出的弹性系数之和小于1,即 $\alpha+\beta<1$,对国有企业来说,当 σ 为正即本国货币贬值时,国有企业会减少海外投资。

(二)民营企业对外直接投资

对民营企业而言,由于其人力资本效率和技术效率的优势,以及在对外直接投资过程中不存在过多的政治负担,拥有更大的自主权和灵活性。为实现利润最大的目标,民营企业可能会选择开展 OFDI 活动,旨在通过对外直接投资寻求国外具有竞争力的市场,从而获得相对成本优势。其具体表现为 $\alpha+\beta>1$,对民营企业来说,当 σ 为正即本国货币贬值时,其海

---

① 其中 $Z = \frac{T}{2} - \frac{\beta-1}{2\beta}S$; $T = \log(\beta\gamma_{\mu}P_B) - \log(\mu w_B) + \log(\frac{\lambda}{2}w_B) - \log(\frac{\lambda}{2}P_B\gamma\beta)$;

$S = \log(\alpha\gamma_{\mu}P_B) - \log(\mu r_B) + \log(\frac{\lambda}{2}r_B) - \log(\frac{\lambda}{2}P_B\gamma\alpha)$

外投资会产生较大正增长。在汇率对贸易收支的影响中,本国货币贬值后,经常项目收支状况首先会出现恶化趋势,但在一段时间后,贸易收支会逐步改善,这种现象被定义为"J曲线效应"。本国货币贬值会促进本国民营企业的对外直接投资,存在"J曲线效应"。

第二节　金融风险影响中国民营企业对外直接投资的实证检验

一、模型的选用与设定

本书采用非线性自回归分布滞后模型(NARDL)分析人民币汇率风险与中国民营企业对外直接投资之间的非线性动态效应。

基于邓宁的对外直接投资理论,本书将模型设定如下:

$$\Delta \text{OFDI}_{it} = \rho \, \text{OFDI}_{it-1} + \theta_1^+ \text{REER}_{it-1}^+ + \theta_1^- \, \text{REER}_{it-1}^- +$$

$$\theta_2^+ \text{VE}_{it-1}^+ + \theta_2^- \, \text{VE}_{it-1}^- + \sum_{i=1}^{p-1} \phi_i \Delta \text{OFDI}_{it-i} + \sum_{j=0}^{q-1} (\pi_j^+ \Delta \text{REER}_{t-j}^+ +$$

$$\pi_j^- \text{REER}_{t-j}^- + \pi_j^+ \, \text{VE}_{t-j}^+ + \pi_j^- \text{VE}_{t-j}^-) + \varepsilon_{it} \qquad (9\text{-}11)$$

Shin等(2014)首次提出NARDL模型,此模型是对自回归分布滞后模型(ARDL)的非线性拓展。公式(9-11)中OFDI$_{it}$为被解释变量,采用月度中国对外直接投资额;REER$_{it}$作为关键解释变量,代表人民币实际有效汇率指数,该指数的上升意味着该国货币升值,反之则意味着贬值;VE$_{it}$作为控制变量,表示中国国内生产总值,反映中国的经济发展水平。

该模型有两个特点:一是它将解释变量分解为正负冲击(分别为REER$_{it-1}^+$和REER$_{it-1}^-$),分别讨论正负冲击对被解释变量影响的差异性;二是在解释变量中引入被解释变量的滞后项(OFDI$_{it-1}$),以分析被解释变量对解释变量的依赖性及其动态调整路径。NARDL模型相较于其他非线性转换模型而言,其对非线性动态效应和长短期均衡关系的描述更加明确和详尽。

公式（9-11）中，$REER_{it}$ 是 k 阶关键解释变量，其计算公式为 $REER_{it} = REER_0 + REER_{it}^+ + REER_{it}^-$，其中 $REER_{it}^+$ 是人民币汇率变动的正向冲击的累积增量，而 $REER_{it}^-$ 是人民币汇率变动的负向冲击的累积增量，$REER_{it}^+$ 和 $REER_{it}^-$ 的计算公式分别定义如下：

$$REER_{it}^+ = \sum_{j=1}^{t} \Delta REER_j^+ = \sum_{j=1}^{t} \max(\Delta REER_j, 0) \qquad (9\text{-}12)$$

$$REER_{it}^- = \sum_{j=1}^{t} \Delta REER_j^- = \sum_{j=1}^{t} \min(\Delta REER_j, 0) \qquad (9\text{-}13)$$

模型（9-11）中当给予关键解释变量正负一单位冲击时，被解释变量的累积脉冲响应函数分别为：

$$m_h^+ = \sum_{j=0}^{h} \frac{\partial OFDI_{it+j}}{\partial REER_{it}^+} \qquad m_h^- = \sum_{j=0}^{h} \frac{\partial OFDI_{it+j}}{\partial REER_{it}^-} \qquad h = 0,1,2,\cdots \qquad (9\text{-}14)$$

当 $h \to \infty$ 时，$m_h^+ \to \beta^+$，$m_h^- \to \beta^-$，β^+ 和 β^- 分别代表 $REER_{it}$ 与 $OFDI_{it}$ 之间的正向和负向非对称长期均衡关系，其计算公式分别为：$\beta^- = -\dfrac{\overset{\Lambda}{\theta}{}^-}{\overset{\Lambda}{\rho}}$，$\beta^+ = -\dfrac{\overset{\Lambda}{\theta}{}^+}{\overset{\Lambda}{\rho}}$。$\beta^+$ 和 β^- 表明在人民币汇率受到正负冲击后，OFDI 从初始均衡向新均衡的非线性动态调整过程。

对模型（9-11）的参数施加不同约束，可以描述和验证 $REER_{it}$ 和 $OFDI_{it}$ 之间的非对称性，具体可以分成以下四种模型：

（1）长期对称和短期对称，约束条件为：$\theta^+ = \theta^- = \theta$ 且 $\pi_j^+ = \pi_j^-$ 或者 $\sum_i \pi_j^+ = \sum_i \pi_j^- (i = 0, \cdots, q-1)$；

（2）长期对称和短期不对称，长期对称约束条件为：$\theta^+ = \theta^- = \theta$；

（3）长期不对称和短期对称，短期对称约束条件为：$\sum_i \pi_j^+ = \sum_i \pi_j^-$ $(i = 0, \cdots, q-1)$；

（4）长期不对称和短期不对称，即无约束。

二、数据概述和描述性分析

本书采用 2005 年 1 月至 2021 年 12 月的月度数据进行分析，人民币实际有效汇率指数数据来源于国际清算银行；一国经济发展水平一般用GDP 表示，由于本书使用月度数据，GDP 统计只有季度或年度数据，因此选用中国工业增加值增长率作为代理变量，以反映中国的经济增长状况。为消除通货膨胀影响，OFDI 数据采用 2000 年 1 月为基期的 CPI 指数进行调整，所有数据均进行了对数化处理。描述性分析结果如表 9-1 所示。

表 9-1　描述性分析结果

变　量	对外直接投资（$OFDI_{it}$）	国有企业对外直接投资（$OFDI_{1it}$）	民营企业对外直接投资（$OFDI_{2it}$）	人民币实际有效汇率指数（$REER_{it}$）	工业增加值增长率（VE_{it}）
均值	8.58	7.24	7.77	4.83	1.38
中位数	8.68	7.22	7.63	4.82	1.73
最大值	9.83	8.90	9.57	4.88	3.56
最小值	7.03	3.78	6.22	4.78	−6.90
标准差	0.75	1.14	0.90	0.025	1.96
偏度	−0.32	−0.57	0.21	0.37	−3.67
峰度	2.02	3.22	2.20	2.29	16.19
$J\text{-}B$ 值	2.36	0.39	1.43	1.85	398.95
p 值	0.31	0.30	0.49	0.4	0.00

　　从均值、中位数、最大值、最小值来看，民营企业对外直接投资规模比国有企业对外直接投资规模要大，这与图 9-1 反映的趋势一致；从标准差来看，所有变量的离散程度较为合理；从峰度来看，VE_{it} 变量的峰度值较高，属于峰态陡峭的时间序列；从偏度来看，$OFDI_{it}$、VE_{it} 和 $OFDI_{it}$ 变量为左偏序列，$REER_{it}$ 和 $OFDI_{2it}$ 为右偏序列，VE_{it} 变量分布的偏移程度比较严重；从 $J\text{-}B$ 值检验 Jarque-Beratest 结果来看，所有变量均为正态分布。

　　为考察变量是否满足 NARDL 模型的运用要求，本书采用 ADF 检验和 PPP 检验对所有变量进行了单位根检验，发现所有变量在 5% 或 1% 显著性水平下为 0 阶或 1 阶单整序列（单位根检验结果见表 9-2），并且不存在结构突变，满足 NARDL 模型的运用要求。

表 9-2　单位根检验结果

变　量		t 值	p 值	1%	5%
ADF 检验	$OFDI_{it}$	−5.510	0.000***	−3.600	−2.930
	$OFDI_{1it}$	−5.270	0.000***	−3.600	−2.930
	$OFDI_{2it}$	−5.610	0.000***	−3.600	−2.930
	$REER_{it}$	−1.520	0.510	−3.600	−2.930
	$D(REER_{it})$	−4.060	0.003***	−3.600	−2.930
	VE_{it}	−4.140	0.002***	−3.600	−2.930
PPP 检验	$OFDI_{it}$	−5.540	0.000***	−3.60	−2.93
	$OFDI_{1it}$	−5.340	0.000***	−3.600	−2.930
	$OFDI_{2it}$	−5.660	0.000***	−3.600	−2.930
	$REER_{it}$	−0.930	0.770	−3.600	−2.930
	$D(REER_{it})$	−4.070	0.003***	−3.600	−2.930
	VE_{it}	−3.130	0.032**	−3.600	−2.930

注：***、**、*分别表示在 1%、5%、10%水平上显著。

三、实证结果

（一）总样本实证结果

本书首先考察汇率风险对中国对外直接投资总额的影响结果，从表 9-3 可以看出，根据 AIC、SIC 的大小和 F_{PSS} 的显著性，中国对外直接投资与人民币汇率总体表现为长期对称和短期对称关系，且估计系数显著，意味着当人民币汇率和母国经济增长发生变化时，中国的对外直接投资会从初始均衡向新的均衡动态调整。人民币汇率系数 β_{x1}（3.902）大于经济增长系数 β_{x2}（0.149），说明人民币汇率变化导致中国对外直接投资向新的均衡动态调整的幅度更大，这意味着与母国经济增长相比，汇率风险问题是中国企业对外直接投资更为敏感的因素。

表 9-3　人民币汇率变动与中国对外直接投资的非对称效应

系数	长期对标和短期对称		长期对称和短期不对称		长期不对称和短期对称		长期不对标和短期不对称	
$REER_{it}$	β_{x1}	3.902***	β_{x1}	4.238***	β_{x1}^{+} β_{x1}^{-}	3.072* 1.047	β_{x1}^{+} β_{x1}^{-}	2.840* 0.676
VE_{it}	β_{x2}	0.149*	β_{x2}	0.067	β_{x2}^{+} β_{x2}^{-}	0.028 0.150	β_{x2}^{+} β_{x2}^{-}	0.008 0.117
模型检验值	Adj. R^2 AIC SIC F_{PSS} W_{LR} W_{SR}	0.399 2.218 2.333 21.540***	Adj. R^2 AIC SIC F_{PSS} W_{LR} W_{SR}	0.394 2.223 2.337 21.129*** 13.330***	Adj. R^2 AIC SIC F_{PSS} W_{LR} W_{SR}	0.428 2.189 2.337 17.992** 14.670***	Adj. R^2 AIC SIC F_{PSS} W_{LR} W_{SR}	0.420 2.198 2.345 17.491** 10.032*** 10.890***

注:(1)F_{PSS} 统计量检验长期影响的存在性;W_{LR} 和 W_{SR} 为 Wald 检验统计量,分别用来检验长短期的非对称效应;(2)***、**、* 分别表示在 1%、5%、10%水平上显著。

从图 9-2 可以看出,当人民币汇率面临正、负冲击时,中国对外直接投资的动态调整过程如下:当人民币汇率受到正向冲击即人民币贬值时,中国企业对其做出的反应存在时间滞后,在经历一段时间滞后反应后,中国企业会收紧或减少对外直接投资规模,然后慢慢扩大,最终趋于正向扩大;当人民币汇率受到负向冲击时,中国企业对汇率升值的反应则相反。从图 9-2 可以看出,当人民币贬值时,中国对外直接投资存在"J 曲线效应"。

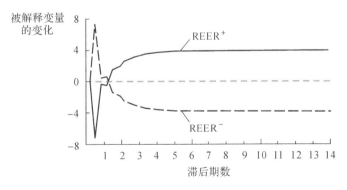

图 9-2　人民币汇率变动与中国对外直接投资的动态效应

（二）汇率风险对国有企业对外直接投资的影响

从表 9-4 可以看出，根据 AIC、SIC 的大小和 F_{PSS} 的显著性，国有企业对外直接投资与人民币汇率总体表现为长期对称、短期不对称关系，人民币汇率的估计系数显著，母国经济增长估计系数不显著，这意味着当人民币汇率发生变化时，中国国有企业对外直接投资会从初始均衡向新的均衡动态调整。人民币汇率估计系数 β_{x1} 显著，说明人民币汇率变化导致中国国有企业对外直接投资向新的均衡动态调整的幅度更大，这意味着与母国经济增长相比，汇率风险问题也是中国国有企业对外直接投资更为敏感的因素。与总样本相比，人民币汇率对国有企业对外直接投资的影响系数较小，仅为 0.907，说明对国有企业对外直接投资而言，汇率波动所带来的影响相对更小。

表 9-4　人民币汇率变动与国有企业对外直接投资的非对称效应

系数	长期对称和短期对称		长期对称和短期不对称		长期不对称和短期对称		长期不对称和短期不对称	
$REER_{it}$	β_{x1}	0.799	β_{x1}	0.907**	β_{x1}^+ β_{x1}^-	2.455 1.404	β_{x1}^+ β_{x1}^-	2.060* 0.770
VE_{it}	β_{x2}	−0.070	β_{x2}	−0.176	β_{x2}^+ β_{x2}^-	−0.209 −0.060	β_{x2}^+ β_{x2}^-	−0.225 −0.077
模型检验值	Adj. R^2 AIC SIC F_{PSS} W_{LR} W_{SR}	0.450 2.958 3.090 22.570***	Adj. R^2 AIC SIC F_{PSS} W_{LR} W_{SR}	0.456 2.947 3.078 23.134*** 14.520***	Adj. R^2 AIC SIC F_{PSS} W_{LR} W_{SR}	0.483 2.916 3.080 19.838** 10.390***	Adj. R^2 AIC SIC F_{PSS} W_{LR} W_{SR}	0.489 2.914 3.095 18.199** 10.604*** 10.090***

注：（1）F_{PSS} 统计量检验长期影响的存在性；W_{LR} 和 W_{SR} 为 Wald 检验统计量，分别用来检验长短期的非对称效应；（2）***、**、* 分别表示在 1%、5%、10% 水平上显著。

从图 9-3 可以看出，当人民币汇率面临正、负冲击时，中国国有企业对外直接投资的动态调整存在以下特点：第一，当人民币汇率面临正、负向冲击时，国有企业对外直接投资的调整存在非对称性。也就是当人民币汇率受到正向冲击即人民币贬值时，中国国有企业对其做出的反应存在时间滞后，在经历一段时间后，国有企业会收紧或减少对外直接投资规模,然后慢慢扩大,最终在第 4 期趋于 0;当人民币汇率受到负向冲击即人民币升值时,在经历滞后反应后,中国国有企业会大幅度增加对外直接投资规模,然后慢慢减少,最终在第 4 期趋于 0。第二,存在"J 曲线效应"。从图 9-3 可以看出,当人民币贬值时,中国国有企业的对外直接投资存在"J 曲线效应",当然海外直接投资的增加幅度不大。

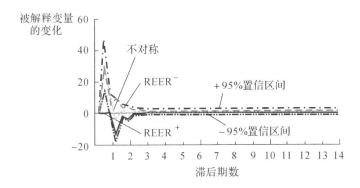

图 9-3　人民币汇率变动与国有企业对外直接投资的动态效应

(三)汇率风险对民营企业对外直接投资的影响

从表 9-5 可以看出,根据 AIC、SIC 的大小和 F_{PSS} 的显著性,中国对外直接投资与人民币汇率总体表现为长期对称和短期对称关系,且估计系数显著,意味着当人民币汇率和母国经济增长发生变化时,中国的民营企业对外直接投资会从初始均衡向新的均衡动态调整。人民币汇率系数 β_{d1}(8.425)大于经济增长系数 β_{d2}(0.26),说明人民币汇率变化导致中国民营企业对外直接投资向新的均衡动态调整的幅度更大,这意味着与母国经济增长相比,汇率风险问题是中国民营企业对外直接投资更为敏感的因素。与总样本和国有企业对外直接投资相比,人民币汇率对民营企业对外直接投资的影响相对更大,说明对民营企业而言,在进行对外直接投资时,汇率波动所带来的影响相对较大。

表 9-5　人民币汇率变动与民营企业对外直接投资的非对称效应

系数	长期、短期对称		长期对称、短期不对称		长期不对称、短期对称		长期、短期不对称	
REER$_{it}$	β_{x1}	8.425***	β_{x1}	7.169***	β_{x1}^{+} β_{x1}^{-}	5.686*** 2.566	β_{x1}^{+} β_{x1}^{-}	2.490*** 2.560
VE$_{it}$	β_{x2}	0.260**	β_{x2}	−0.250	β_{x2}^{+} β_{x2}^{-}	0.146* 0.270***	β_{x2}^{+} β_{x2}^{-}	0.147* 0.270***
模型检验值	Adj. R^2 AIC SIC F_{PSS} W_{LR} W_{SR}	0.453 2.866 2.948 40.730***	Adj. R^2 AIC SIC F_{PSS} W_{LR} W_{SR}	0.461 2.870 2.980 27.830*** 19.850***	Adj. R^2 AIC SIC F_{PSS} W_{LR} W_{SR}	0.485 2.829 2.943 30.490*** 35.640***	Adj. R^2 AIC SIC F_{PSS} W_{LR} W_{SR}	0.485 2.823 2.944 30.490*** 35.641*** 30.890***

注：(1)F_{PSS}统计量检验长期影响的存在性；W_{LR} 和 W_{SR} 为 Wald 检验统计量，分别用来检验长短期的非对称效应；(2) ***、**、* 分别表示在 1%、5%、10% 水平上显著。

从图 9-4 可以看出，当人民币汇率受到正向冲击即人民币贬值时，中国民营企业对其做出的反应存在时间滞后，在经历一段时间后，中国民营企业会开始扩大对外直接投资规模，然后在第 3 期时趋于均衡；当人民币汇率受到负向冲击时，中国民营企业对汇率升值的反应则相反。当人民币贬值时，中国民营企业对外直接投资不存在先减少海外投资，而是表现为扩大对外直接投资，"J 曲线效应"的前半段不存在，仅表现为后半段。

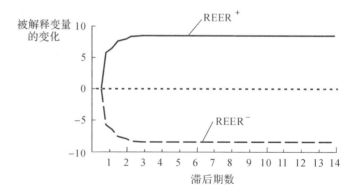

图 9-4　人民币汇率变动与民营企业对外直接投资的动态效应

四、汇率风险对中国民营企业对外直接投资影响的实证结论

第一，汇率波动对中国企业对外直接投资的影响存在正向相关性。即当人民币贬值时，中国企业（包括国有企业和民营企业）会扩大对外直接投资规模，实证结论支持了图 9-1 的结果。在总样本中，当人民币汇率增加（人民币贬值）时，其对企业对外直接投资的影响系数为 3.902；在国有企业样本中，当人民币汇率增加（人民币贬值）时，其对企业对外直接投资的影响系数为 0.907；在民营企业样本中，当人民币汇率增加（人民币贬值）时，其对企业对外直接投资的影响系数为 8.425。

第二，与国有企业相比，民营企业对外直接投资更倾向于考虑汇率波动的风险。从人民币汇率对企业对外直接投资的影响系数来看，民营企业的影响系数为 8.425，大于国有企业的影响系数（0.907）；从人民币汇率变动与国有企业、民营企业对外直接投资的动态效应图来看，当人民币汇率受到正向、负向冲击时，民营企业对外直接投资的动态均衡达到 10，国有企业对外直接投资的动态均衡趋于 0。以上实证事实说明，与国有企业相比，民营企业对外直接投资更倾向于考虑汇率波动的风险。本书认为之所以出现国有企业对外直接投资时受汇率波动影响较小的事实，是因为国有企业对外直接投资过程中，一方面获取了政府资金支持，包括优质金融资源、土地供应等；另一方面国有企业对外直接投资肩负着国家政治和资源长期发展的战略目标，选择投资东道国和行业时带有一定的偏好。

第三，当人民币汇率波动时，中国企业对外直接投资对汇率波动的动态反应存在一段时期的滞后效应。无论是从总样本（图 9-2）还是国有企业（图 9-3）和民营企业（图 9-4）的分样本来看，当人民币汇率波动时，中国企业对外直接投资均有一段时期的滞后效应，说明人民币汇率波动对中国企业对外直接投资的影响存在一定时滞。

第四，总体而言，人民币汇率波动对中国企业对外直接投资的影响存在"J 曲线效应"。在人民币汇率波动对中国企业对外直接投资的影响

中,也存在类似的"J曲线效应",当人民币贬值时,中国企业对外直接投资会减少,经过一段滞后期数后,企业会逐渐扩大对外直接投资规模。这种现象在总样本和国有企业分样本中表现非常明显;在民营企业分样本中,"J曲线效应"的前半段不存在,仅表现为后半段。

第十章　中国民营企业对外直接
投资的风险应对策略

本章紧紧围绕前文的分析和研究结论,结合中国民营企业当前对外直接投资在风险防范与管理方面的不足,从微观企业层面、宏观国内层面和宏观国际层面三个维度,提出中国民营企业对外直接投资的风险应对策略。

第一节　微观企业层面的风险应对策略

一、民营企业要提高对东道国地缘政治风险的关注度

在选择投资目的地时,民营企业应采取积极主动的态度,规避对华态度波动不定或敌视的国家和地区,以降低可能面临的制裁合规风险。在明确投资目的地后,必须深入研究该目的地与中国的历史外交关系,并针对可能出现的各种情况,提前制定相应的海外生产经营策略。

中国民营企业开展海外产能转移的过程中,务必充分考虑目标国家和地区的政治立场,以规避培育潜在的政治对手。以此层面为出发点,民营企业应反复衡量与这些国家开展贸易合作和投资合作的优劣。根据这种逻辑推断,我们需确保在国内形成重要产能和产业链的合理分布。在民营企业"走出去"的过程中,必须深度审视跨国合作关系及相关制度安排的问题。

二、精准研判东道国的经济风险和金融风险

中国民营企业在对外直接投资项目的领域呈现多元化的特点,广泛涉及房地产、水电、通信,以及包括道路、机场在内的交通基础设施。中国民营企业承接的海外工程地主要分布于亚洲、拉丁美洲和非洲等发展中国家和地区,其中亚洲约占总量的 45％,非洲占 35％,而拉丁美洲则占 10％。这些大型基础设施项目的投资需要大量的资金投入,且项目周期较长,对东道国的经济实力和财政状况都提出了较高的要求。而且,从风险管理的角度来看,发展中国家所面临的经济风险明显超过发达国家。为此,民营企业需要培养正确的风险管理观念,需要对东道国的债务水平、财政赤字状况和外汇储备等指标进行精准研判,以判断它们是否具有足够的财政能力来支持大型工程项目的经费需求。如果这些项目会给东道国造成巨大的财政负担,很容易触发信用违约事件,从而给民营企业带来巨大的经济风险。

三、建立汇率风险管理机制,积极应对汇率波动

民营企业开展对外直接投资时要建立汇率风险管理机制,提高对汇率波动的防范意识。为了确保能及时掌握外汇市场的最新走势,民营企业可以与国内咨询机构以及金融机构开展交流与合作。在遭遇汇率波动时,民营企业可以选择使用相同货币进行结算,实现自然对冲;此外,民营企业也应灵活运用各类避险衍生产品,如期货、期权、互换等金融衍生工具,以预先锁定远期汇率,从而规避汇率风险。同时,在与东道国合作时,为避免由于汇率变动发生的挤兑现象,应当积极地向该国的中央银行申请购汇额度许可,以便项目在执行期间能直接按照正常的汇率从中央银行兑换美元。同时,我们也应当尽力推动快速汇兑机制的实施。

四、多层次解决民营企业"走出去"融资难问题

鼓励民营企业增加直接融资比例。直接融资具有风险小、成本低的特点，是世界范围内企业融资的主要渠道，在这方面，中国的发展远远滞后于实际需要。应当鼓励大型民营企业通过海内外公司债市场进行融资，在降低融资成本的同时，减少民营企业经营的风险与压力。中小民营企业在进行境外投资的过程中，也可以通过中小企业集合债券进行融资。

可以考虑建立一支具有 100 亿至 500 亿美元规模的中小企业对外直接投资基金，用于解决中国民营中小企业在跨境扩张中遭遇的外汇资金短缺问题。采取根据对外直接投资项目的具体情况分阶段注入基金的策略。基金性质应定为混合型基金，即结合股权投资与债券投资，主要投向需要过渡性外汇筹措或者股权融资的中小型私营企业，特别是那些对中国经济转型升级起到促进作用的对外直接投资项目。

"走出去"与"引进来"相结合，减少民营企业境外投资的融资压力。鼓励民营企业在进行并购时，使用股权、相互投资等方式，即中国民营企业在收购境外企业股份时，允许境外被收购企业同时拥有一部分中国民营企业的股份比例，或者帮助境外企业开拓中国市场。这样既可以帮助中国民营企业减少资金压力，也可以降低境外并购的阻力，还可以解决企业在对外直接投资中如何兼顾国内市场的问题。

丰富和扩大中国商业银行的业务。商业银行要提高服务境外中国民营企业的意识，逐渐建立广泛的服务网络，以协助中国民营企业利用其在对外直接投资形成的资产进行"外保内贷"。同时商业银行应加大与民营企业之间的互动，将商业银行现有的金融产品，尤其是向民营企业推广介绍与境外投资相关的金融产品（如外汇风险对冲产品）；商业银行应根据对外直接投资企业的实际需求，开展金融产品和金融服务的创新。

五、民营企业要注重跨国并购后的整合治理,积极承担社会责任

考虑到当前中国民营企业对外直接投资方式以跨国并购为主,民营企业在推进跨国并购的过程中,目标要清晰明确,并购方案要审慎。民营企业在并购前不仅要认真了解东道国的法律法规、风俗习惯、产业竞争力等基本情况,更需要注意并购后的企业整合。一方面,一些并购前较难发现或量化难度较大的财务信息与投资信息会在并购后逐渐暴露,这就要求民营企业的管理层有较强的危机应对能力对其进行妥善处理。另一方面,要重视跨文化管理与文化整合,认真考虑相关利益方(如上下游企业、竞争对手、工会等)的需求,保持被并购方的核心人员稳定,完善企业的合规经营体系,保障企业长期稳定运行。

首先,在对外直接投资时,中国民营企业必须加大环境保护投入力度,积极倡导绿色生产及经营理念。同时,民营企业应严格遵守当地的法律法规,尊重并适应当地的风俗习惯,以及积极承担企业在所在国的社会责任,使其在当地获得良好的口碑。民营企业应树立"双赢""多赢"的理念,在进行对外直接投资时,不仅要自己盈利,也要尽可能地拉动当地经济增长,尽量雇用当地员工,增加当地就业。民营企业还可以在控制成本的情况下,对东道国提供一定的技术支持,如对工人进行技术培训、传授技能等;在进行投资之余,民营企业还可以积极参与当地社区建设。通过这种方式,民营企业更容易获得东道国的好感,减少进入当地市场的阻力。

其次,与当地政府、公共媒体、民间社团等社会各阶层保持顺畅良好的关系,能够及时、正确地应对突发的公关危机,最大限度地消除舆论偏见,树立良好的企业形象。在海外运营过程中,如果民营企业遭遇东道国国家安全威胁论的指责,一定要进行有力的反击,不可听之任之,任其事态发展。在国外,部分媒体为了博得眼球,将中国企业的投资歪曲为殖民主义的回归,这不利于当地舆论对中国形成客观真实的认识和印象。为防止这种状况的发生,民营企业应当与当地媒体和社会团体积极合作、主

动交流,营造有利的舆论环境。

最后,民营企业不能仅仅关注项目投资的回报,公益事业推广方面也应积极参与,适度地回馈当地社会。通过多样化的方式,极力促进与当地社会的交流与互动,积极传播并实践"人类命运共同体"的理念。把民营企业的价值观融入当地文化中,可以进一步提升民营企业的声誉和品牌形象,并确保投资项目可持续性发展的实现。

六、防范并处理社会风险

民营企业在对外直接投资过程中必然经常面临的一种最基本的风险就是社会风险,它是源于东道国的社会文化与中国不一致。面对这类风险,民营企业在对外直接投资建设过程中,一定要处理好中国与东道国法律法规和政策制度的关系,要在遵守东道国法律法规和政策制度以及文化传统的条件下,以最低的风险规避成本获取最高的投资经营收益。要注意尽可能把可直接计算和估计的实际商业成本及无法直接计算和估计的社会风险成本区分开,尽可能做出大体准确的估计,并由此更积极地规避对外直接投资过程中可能遇到的这些最基本的风险。

七、避免盲目跟风开展对外直接投资

民营企业开展对外直接投资活动中,一定要避免盲目跟风、草率决定。它们应从自身的实力出发,寻求稳健、可靠且合理的投资方案。在执行这些投资时,民营企业必须坚持冷静、审慎和理性的态度,善于把握和控制情绪,以避免受外部因素的干扰,从而做出独立的决策;必须详尽地研究并对比各种经营模式,为选择最适宜的投资目标和途径提供依据。所有基于碰运气心理的决定都可能引发风险。在明确投资前景之前,民营企业不宜轻率行动,因为仓促的决定往往会导致投资的失败。

八、注重国际化管理人才的培养和吸纳

一方面,民营企业要明确国际投资对不同人才类型的需求,不仅需要

具备高技术、高研发能力的专业人才,更要注重对拥有跨文化和海外企业管理经验的人才的培养和吸纳,把握企业投资的整体布局与战略规划,进行市场开拓和属地化管理,实现投资目标。另一方面,民营企业也应加强对海外人才市场、人才供需情况、薪酬制度等方面的了解,制定最能满足员工诉求的激励制度,建设让员工有认同感、归属感的企业文化,防止人才外流。

第二节　宏观国内层面的风险应对策略

一、引入税收激励机制,吸引对外直接投资利润回流

为优化开放结构、实现互利共赢,中国提出"走出去"和"国际产能合作"等多项战略规划。多年来,对外直接投资高速发展,投资规模与日俱增,相比之下,对外直接投资汇回的利润资金量较小,与对外直接投资额度相比差距较大。中国应构建高效的对外直接投资利润汇回鼓励机制,可以考虑从税收鼓励方面吸引对外直接投资企业利润回流,如对外直接投资企业连续三年汇回利润的,第四年汇回利润在国内缴纳的所得税,可分行业、企业类型等由国家或地方政府按一定比例返还境内企业,返还资金要用于境内企业的经营发展,支持境内实体经济。

二、建立东道国投资经济风险预警与评估机制

建立一个由政府主导、智库策划、企业共同参与的全国性经济风险评估和预警系统至关重要。该系统应包括对外直接投资的国家经济风险预测、监测和评估功能。应倡导政府智库与民间智库的协作,集中智力加强研究,制定一套经济风险评估指标系统,并根据各国的主权信用风险、宏观经济风险等多种因素,发布专题研究报告,提高信息的精确性和及时性,从而使民营企业能够实时、准确地掌握东道国的经济风险信息。民营

企业在进行对外直接投资时，还应彻底评估东道国的宏观经济状况、基础设施建设和经济政策等关键因素。此外，民营企业应尽可能广泛地与开展对外直接投资的其他企业沟通和联络，全面掌握海外运营环境的信息，以便做出明智的投资选择。

三、成立民营企业海外经济联合会，分享经济信息

民营企业应在海外加强交流与合作，确保信息的自由流通，共同规避对外直接投资潜在的经济风险。建议通过政府协调，于海外特定国家设立民营企业海外经济联合会，并制定协同会议机制，周期性地召开会议，以发挥其功能。这样一来，企业能够集中向国内反馈信息，帮助政府及时了解对外直接投资项目的最新动态，进而获得国内相应政策的支持。同时，面对在东道国所受的不平等对待，企业可借助联合会之名与东道国政府展开协商，以保障其合法权益。最终，企业还能利用该联合会作为沟通与交流的平台，搭建分享管理经验的桥梁，进而共同提高生产管理的效率及经济效益。

四、对民营企业的对外直接投资行为强化引导，防止企业盲目跟风

当前，许多民营企业的对外投资策略尚不明晰，甚至缺乏深度的战略规划及视角。这些企业对自身的定位认知不够清晰，尽管他们展现了初出茅庐的勇气，然而，冒进的投资行为并不符合商业战略的原则。因此，中国政府需要积极引导，帮助民营企业明晰国际投资策略，实现国内外发展的均衡，理性地进行国际投资合作。首先，政府需要围绕全球市场进行布局，加强布局规划和风险评估，精准地引导民营企业走出国门。在分析民营企业可以进行什么样的业务的基础上，政府需要引导他们进入能够开展对外直接投资的领域。其次，地方政府应依据国家和地区的总体发展规划，及时进行沟通反馈，进一步明确战略定位，解析产业方向和优势资源，进行全面的市场调研和深入的行业分析，同时鼓励具备能力的领先

民营企业率先采取海外投资行动。通过科学分明的政企协同模式,挖掘市场潜力。这样的策略不仅可以帮助民营企业更好地融入全球市场,也将推动中国经济持续健康地发展。

五、加大对开展对外直接投资的民营企业的服务力度

政府应加大对开展对外直接投资的民营企业的服务力度,及时提供法律支持。在关键时刻,我们应调动驻外使领馆资源,向遭受权益侵犯的民营企业提供援助,保障"走出去"的民营企业的正当权益。我们必须提升对"走出去"的民营企业融资服务的支持力度,协助民营企业畅通财务流通的"生命线",确保资金流的安全性。应该鼓励中国的金融机构开发个性化、差异化和定制化的金融产品,促使银行为民营企业提供更多的信贷支持。我们也需要指导中国的民营企业"走出去",主动适应投资目标国家的环境,集中精力于主营业务并深化创新。鼓励民营企业通过适当的方式,如自主研发、技术合作以及企业并购等,来获取核心技术,为民营企业的持续健康发展提供必要条件。提供策略指导,使民营企业能更好地适应投资目标国的经济、法律以及商业环境等。在从事主营业务的同时,企业也应持续推进创新。掌握核心科技,能为中国民营企业健康、有序和长远的发展提供关键的支持和保障。

六、加大对民营企业海外并购和研发的政策支持力度

第一,我们必须强化对民营企业对外直接投资的金融扶持,以便为其提供更充裕的资金保证,助力其实现全球扩张。金融支持不仅能助推民营企业在实现战略性资产并购方面,提升并购投资的成功率和效率,也有利于加强其技术获取能力。第二,金融支持能够为民营企业未来的研发投入以及人力资源配置等方面创造更优质的环境,从而提高其技术吸纳效率。第三,我们需加大对民营企业研发投入的支持,对各类研发项目实施针对性的投入。对于那些旨在实现基础研究突破的项目,我们应当大幅度提高研发投入。对于更倾向于实用的项目,我们应在兼顾其经济、社

会和环保成本的同时，给予其研发援助，特别是推进产、学、研的融合发展。这种策略不仅能直接提升民营企业吸收技术的能力，还有助于推动民营企业对并购技术的整合和重新创新。第四，我们必须加强对与"走出去"战略相关的公共服务的财政支持，如国际产能合作、价值链与产业链建设，以及相关的公共服务和培训平台等，以协助民营企业提高技术获取和技术转移的效率。

第三节　宏观国际层面的风险应对策略

一、构建双边投资协定，为对外直接投资提供制度性保障

作为支撑跨境商贸交流和企业投资经营活动的制度机制，双边投资协定在推动中国民营企业对外直接投资过程中具有积极影响。签订双边投资协定，能够有效缓解诸如政治和经济风险等对企业对外直接投资的负面影响，进而加强其对外直接投资的经济风险抗击能力。中国应积极协商并与主要东道国签订、更新或延长双边投资协定，在双边投资协定框架下保障民营企业的合法投资与经营权益，并采取策略性的稳健手段推动民营企业的对外直接投资活动。在具体操作策略上，考虑建立国际经济合作区是一种可能的途径。这需要设计一套能适应两国实际情况，且不会因为海外政权更替或党派交替而受到影响的经济领域合作模式。我们可借鉴苏州新加坡工业园区案例，由两国政府高级领导达成协定，在一个政策稳定、经营模式确定的环境下，持续引入适合的项目进行长期稳定的合作，实现收益共享和风险共担。我们的目标是打造一个典型的中外合作产业园，为共建"一带一路"国际产能合作塑造品牌形象。

二、加强国际合作，推动建立跨国征信体系

随着中国参与国际经贸往来越来越频繁，国际业务跨境合作开始变

得密切，资金跨境流动需求日益增强，征信数据的跨境流动需求也随之增加。当民营企业将其海外资产用于国内交易和抵押融资时，将会涉及跨国的抵押物登记、监管及法律适用等诸多问题。为此，中国应促进政府间合作协定的签订，从而推动跨国信用信息系统的建立，为金融服务的有效跟进建立配套设施。此外，可以利用国际组织内成员国之间的合作机会，促进各成员国的信用监管部门、信用信息机构以及评级机构三者之间的沟通与协作，逐步深化国际合作，消除信息障碍，并最终建立一个多边化的信用信息跨境合作体系。

三、积极应对主要经济体的外资安全审查

当前，欧洲、美国、英国等主要经济体正在制定并完善其外资安全审查制度，鉴于此，中国必须积极应对这些国家的审查制度。首先，中国需针对性地与东道国进行有效沟通与协商。政府机构与行业协会应协同作战，向东道国的政府、立法机关及商业团体进行有目的的游说，促使其遵守国际公认的准则，防止国家安全概念的无端扩张，增强审查流程的透明度和便捷性，并确保不会对中国企业实施"定制化"的歧视性措施。其次，应指导民营企业有序地进行海外投资与并购。该指导工作包括加强对目标国家安全审查政策的研究，并采取多元化的投资策略。例如，优先考虑收购规模较小、不显眼的中小型企业和行业中的"隐形冠军"，或是通过与东道国或第三方企业成立合资公司、财团进行共同并购活动，以及通过降低单笔投资所获股权比例、逐步提高持股比例来控制企业运营。

四、积极应对全球大范围的引资、留资政策

近年来全球主要经济体不断出台各种引资、留资政策，采取的政策主要包括投资便利化、投资项目筛选、设立吸引外资的经济特区等，将产业政策、创新政策和外资政策进行融合和相互支撑，加剧各国的引资竞争，这使得中国面临吸引外资竞争加剧和资本加速输出的局面。针对全球竞争优势格局的变化趋势，中国应进行准确把握，并深度洞察各经济体政策

调整的基本特点,以主动适应全球跨境投资政策的波动。我们既需保持战略定力,专注于国内发展,又应加强对企业对外直接投资的指导,使民营企业对外直接投资朝着合规且健康的方向发展。我们还需积极而谨慎地参与全球经济治理的改革过程,以此构建有利于国内外发展的优良环境。

五、因"国"施策,促进中国对外投资合规健康发展

中国应当深化与欧洲的贸易和投资合作。为此,需要引导对欧投资的民营企业遵守相关国际承诺,处理好投资与保护环境和维护劳动者权益的关系;民营企业应在遵守投资经营法规的前提下,精准把握欧盟成员国差异化的外商投资政策所带来的机遇。为了提升中国在区域产业价值链中的影响和作用,建议深化与共建"一带一路"国家的商贸和投资合作。同时,鼓励民营企业积极利用这些国家的优惠政策,以策划和构建境外经济贸易合作区。民营企业应根据不同国家的投资政策动态,优化其产业发展方向,以提高其在国际市场的地位,增强其抗风险能力,最终提升其境外投资的效益与品质。

六、规范民营企业经营行为,建立民营企业履行社会责任的激励机制

开展对外直接投资的民营企业是中国对外形象的展示窗口,中国政府应主动规范民营企业经营秩序,督促民营企业遵守东道国法律法规,积极履行社会和环境责任。鼓励民营企业与东道国政府、公共媒体、民间社团等社会各阶层保持顺畅良好的关系,积极化解东道国的社会舆论压力,树立良好的企业形象。

针对中国民营企业对外直接投资中暴露的诸多问题,自 2017 年开始,监管部门陆续出台相关的法律法规进行引导。2017 年 12 月 18 日,国家发展和改革委员会、商务部、中国人民银行、外交部、全国工商联五部门联合发布了《民营企业境外投资经营行为规范》(简称《行为规范》),再

次强调了支持民营企业开展对外直接投资的立场，并针对以下五个方面提出了指导原则：经营管理、合规与诚信、承担社会责任、环境保护以及风险防范，为民营企业的对外直接投资活动提供方向指引。本次发布的《行为规范》首要强调了支持条件成熟的民营企业扩展业务，并主张对民营企业与国有企业的对外直接投资给予公平待遇。同时，《行为规范》指出民营企业在开展跨国投资时，应依据自身能力及条件合理评估，确保审慎行事。

《行为规范》有助于民营企业认识和防范风险，民营企业境外投资经营行为将受到实质性影响。《行为规范》明确规定，国家发展和改革委员会将与相关部门协作，致力于加强对外经济合作领域的信用体系构建，违规的民营企业将被列入黑名单，纳入信用记录，而情节严重、影响恶劣的民营企业将会被联合惩戒。虽然《行为规范》的惩戒内容并未公布，但有28个部委参与，被惩戒的民营企业将在金融、工商、质检、贸易和投资等方面受到全面的约束，在国内的生产经营将举步维艰。

政府应以"责任共同体"的理念引导"走出去"的民营企业履行社会责任，实现与东道国的"利益共享、命运共通"。同时突出示范引领，对在海外履责表现良好的民营企业给予适当奖励，提供税收、政府采购等方面的优惠政策，激励民营企业更加积极主动履行社会责任，提高企业品牌的美誉度和认同度。政府还应发挥好引导和推进作用，通过健全民营企业社会责任制度体系，帮助民营企业规避履责风险。此外，高度重视非政府机构对中国民营企业的合规调查，包括合规审计、碳排放排查、供应链追溯调查等，支持民营企业、行业组织开展责任制造、责任采购、责任投资及数据治理、人工智能伦理、个人隐私保护等方面的研究，防止西方国家以社会责任名义抹黑中国民营企业。

参考文献

[1]白云飞,栾彦,2019.民营企业与非民营企业人力资本对经济增长的贡献比较[J].统计与决策 (16):181-184.

[2]波特,2004.竞争优势[M].陈小悦,译.北京:华夏出版社.

[3]曹荣湘,2003.国家风险与主权评级:全球资本市场的评估与准入[J].经济社会体制比较(5):91-98.

[4]单宝,2007.中国企业跨国并购热中的风险因素及其规避措施[J].生产力研究 (3):121-122,143.

[5]韩剑,2015.垂直型和水平型对外直接投资的生产率门槛——基于中国企业微观数据的研究[J].中国经济问题(5):38-50.

[6]韩师光,2014.中国企业境外直接投资风险问题研究[D].长春:吉林大学.

[7]贺炎林,丁锐,2012.企业政治关联对企业国际化的影响——以中国通讯上市公司为例[J].广东财经大学学报(2):65-74.

[8]胡峰,2003.传统跨国公司理论及其发展路径[J].石家庄经济学院学报(2):156-161.

[9]胡义,2006.国际投资理论创新与应用研究:基于中间层组织的分析[M].北京:人民出版社.

[10]黄一玲,2020.中国跨国公司对外直接投资政治风险研究[M].上海:华东师范大学出版社.

[11]蒋冠宏,2015.企业异质性和对外直接投资——基于中国企业的检验证据[J].金融研究(12):81-96.

[12]李凯,2010.中国企业跨国经营的政治风险管理研究[D].上海:上海外国语大学.

[13]李柯,2013.东道国国家经济风险对中国对外直接投资影响的实证研究[J].重庆师范大学学报（4）:36-46.

[14]李培兰,2010.中国民营企业对外直接投资模式选择的研究[D].无锡:江南大学.

[15]李夏玲,申之峰,刘宁,2020.人民币汇率变动与中国对外直接投资的非线性动态效应分析——基于 NARDL 模型分析[J].当代经济管理(7):92-97.

[16]李玉梅,桑百川,2014.国际投资规则比较、趋势与中国对策[J].经济社会体制比较（1）:176-188.

[17]廖心怡,2020.A 公司对柬埔寨农业直接投资风险及预警研究[D].南宁:广西民族大学.

[18]刘红霞,2006.中国境外投资风险及其防范研究[J].中央财经大学学报（3）:63-67.

[19]刘慧芳,2007.跨国企业对外直接投资[M].北京:中国市场出版社.

[20]刘莉亚,何彦林,王照飞,等,2015.融资约束会影响中国企业对外直接投资吗?——基于微观视角的理论和实证分析[J].金融研究(8):124-140.

[21]刘利利,2013.改革开放以来中国对外直接投资政策与效果分析[D].北京:首都经济贸易大学.

[22]刘青,陶攀,洪俊杰,2017.中国海外并购的动因研究——基于广延边际与集约边际的视角[J].经济研究(1):28-43.

[23]刘祥生,1992.边际产业扩张理论介评及其启示[J].国际贸易问题(12):56-59.

[24]卢卡斯,2016.为什么资本不从富国流向穷国?:经济增长演讲集[M].郭冠清,译.北京:中国人民大学出版社.

[25]鲁桐,2000.中国企业海外经营:对英国中资企业的实证研究[J].世界经济(4):3-15.

[26]鲁桐,2003.中国企业跨国经营战略[M].北京:经济管理出版社.

［27］陆雄文,2013.管理学大辞典[M].上海:上海辞书出版社.

［28］吕宁,2020.关于中国对外直接投资的风险预警和防范、质量的文献综述[J].商场现代化(21):69-71.

［29］吕萍,郭晨曦,2015.治理结构如何影响海外市场进入模式决策——基于中国上市公司对欧盟主要发达国家对外直接投资的数据[J].财经研究(3):88-89.

［30］罗默,2009.高级宏观经济学:第3版[M].王根蓓,译.上海:上海财经大学出版社.

［31］马轶群,倪敏,李勇五,2020."一带一路"倡议、国有企业境外投资风险和国家审计治理[J].山西财经大学学报(7):114-126.

［32］毛其淋,许家云,2014.中国企业对外直接投资是否促进了企业创新[J].世界经济(8):98-125.

［33］毛蕴诗,1994.对外直接投资过程论——对外直接投资的四维分析模型及其应用[J].中山大学学报(社会科学版)(2):1-9.

［34］宓红,2013.民营企业对外直接投资研究:基于宁波的实践[M].杭州:浙江大学出版社.

［35］聂名华,2009.中国企业对外直接投资风险分析[J].经济管理(8):52-56.

［36］钱进,王庭东,2019."一带一路"倡议、东道国制度与中国的对外直接投资——基于动态面板数据GMM的经验考量[J].国际贸易问题(3):101-114.

［37］邵予工,郭晓,杨乃定,2008.基于国际生产折衷理论的对外直接投资项目投资风险研究[J].软科学(9):47-51.

［38］孙岩,2008.中国企业跨国经营的政治风险管理研究[D].上海:上海外国语大学.

［39］万丽娟,2005.中国对外直接投资绩效分析与发展对策[D].重庆:西南大学.

［40］王碧珺,2020.中国对外直接投资:新环境、新阶段与防风险问题研究[M].北京:中国社会科学出版社.

［41］王海军,2014.中国企业对外直接投资的国家经济风险[M].北

京:中国经济出版社.

[42]王洪波,宋国良,2002.风险预警机制[M].北京:经济管理出版社.

[43]王佳,2019.中小企业对外直接投资财务风险问题研究[D].苏州:苏州大学.

[44]王茹,2012.企业跨国经营的国家风险管控——国际经验与中国路径[J].国家行政学院学报(3):79-83.

[45]王文,张悦琪,2022.民营企业对外投资策略分析[J].中国金融(24):75-76.

[46]威尔斯,1986.第三世界跨国企业[M].叶刚,杨宇光,译.上海:上海翻译出版公司.

[47]魏亭亭,2017.中国民营企业对外直接投资的风险分析及防范措施[D].天津:天津商业大学.

[48]温湖炜,2017.中国企业对外直接投资能缓解产能过剩吗?——基于中国工业企业数据库的实证研究[J].国际贸易问题(4):107-117.

[49]吴传琦,2017.中国对非洲直接投资的产业选择研究[D].济南:山东师范大学.

[50]晓亮,2003.正确界定民营经济[J].经贸导刊(3):7-8.

[51]肖慧敏,刘辉煌,2014.中国企业对外直接投资的学习效应研究[J].财经研究(4):42-55.

[52]肖曙光,彭文浩,黄晓凤,2020.当前制造业企业的融资约束是过度抑或不足——基于高质量发展要求的审视与评判[J].南开管理评论(2):85-97.

[53]许晖,万益迁,裴德贵,2008.高新技术企业国际化风险感知与防范研究——以华为公司为例[J].管理世界(4):140-149.

[54]薛军,2021.中国民营企业海外直接投资指数年度报告(2020)[M].北京:人民出版社.

[55]杨浩,2001.民营企业性质界定及产权分析[J].上海经济研究(3):68-71.

[56]叶啸男,2017.中国林业对外投资的国家风险评价[D].北京:北

京林业大学.

[57]于文华,2008.民营企业对外直接投资的国家风险及其应对措施[J].特区经济(8):138-139.

[58]余官胜,林俐,2014.民营企业因何动机进行对外直接投资?——基于温州微观企业数据的二值选择模型实证研究[J].国际经贸探索(2):74-84.

[59]余官胜,龙文,2019."天生对外直接投资"企业对外投资规模研究——基于民营企业微观层面数据[J].南京财经大学学报(5):86-95.

[60]张宸妍,郑玮,洪俊杰,2022.政策支持与企业对外直接投资——基于制度视角的实证研究[J].国际商务(对外经济贸易大学学报)(3):34-50.

[61]张聪,2016.电力企业对外直接投资的风险防范——基于中国华电集团印尼阿萨汉投资项目的探讨[D].北京:对外经济贸易大学.

[62]张建,2004.国际投资政治风险评估方法分析[J].科技创业月刊(8):13-15.

[63]张建,2005.中国对外直接投资非商业风险防范方法及法律构建[D].武汉:武汉理工大学.

[64]张庆亮,2002.民有经济:概念、贡献、融资困境及解决思路[J].财贸研究(2):5-10.

[65]张娆,2015.高管境外背景是否有助于企业对外直接投资[J].宏观经济研究(6):107-116,151.

[66]张涛,刘宽斌,熊雪,2018.中国国有和民营制造业企业生产效率对比研究[J].数量经济技术经济研究(6):78-94.

[67]张晓明.中国对外直接投资的风险评估指标体系及模型构建[D].上海:上海社会科学院,2018.

[68]张蕴岭,马天月,2019.国际投资新规则及中国应对策略[J].国际展望(4):23-38,152-153.

[69]赵曙明,2005.国际企业[M].南京:南京大学出版社.

[70]郑雪平,2008.试析国际资本对俄罗斯投资的国家风险[J].西伯利亚研究(6):37-40.

[71]中国银行国际金融研究所,2019.中国对外直接投资政治风险的成因及对策[R].北京:宏观观察.

[72]周伟,陈昭,吴先明,2017.中国在"一带一路"OFDI 的国家风险研究:基于 39 个沿线东道国的量化评价[J].世界经济研究(8):15-25,135.

[73]朱程程,陈熔,2019.国际投资规则的最新发展趋势研究[J].海南金融(5):56-61.

[74]朱兴龙,2016.中国对外直接投资的风险及其防范制度研究[D].武汉:武汉大学.

[75]朱玉杰,曾道先,聂小刚,2001.国际直接投资的优势互补理论研究[J].清华大学学报(哲学社会科学版)(5):67-71.

[76] Andersson S, Gabrielsson J, Wictor I, 2004. International activities in small firms: Examining factors influencing the internationalization and export growth of small firms[J]. Canadian Journal of Administrative Sciences,12(1):22-34.

[77] Bouchet M, Clark E, Groslambert B ,2003. Country Risk Assessment: A Guide to Global Investment Strategy[M]. New York: Wiley Press.

[78] Buch C M, Kleinert J, Toubal F,2006. Where enterprises lead, people follow? Links between migration and FDI in Germany[J]. European Economic Review,50(8):2017-2036.

[79] Buckley P J, Clegg L J, Cross A R, et al. ,2007. The determinations of Chinese outward foreign direct investment[J]. Journal of International Business Studies,38(4):499-518.

[80] Cantwell J, Tolentino P E E, 1990. Technological Accumulation and Third World Multinationals[M]. Reading: University of Reading.

[81] Click R W,2005. Financial and political risks in US direct foreign investment[J]. Journal of International Business Studies,36(5):559-575.

［82］ Cohen D，Sachs J．1986． Growth and external debt under risk of debt repudiation［J］． European Economics Review，30 (3)：529-560．

［83］ Desta，Asayehgn．1985． Assessing political risk in less developed countries［J］． Journal of Business Strategy，5(4)：40-53．

［84］ Dunning J H，Rugman A M．1985． The influence of Hymer's dissertation on the theory of foreign direct investment［J］． American Economic Review，75(2)：228-232．

［85］ Dutta N，Roy S．2008． Foreign direct investment，financial development and political risks［J］． MPRA Paper，44(2)：303-327．

［86］ Eaton J，Gersovitz M Y．1981． Debt with potential repudiation：Theoretical and empirical analysis［J］．Review of Economic Studies，48 (2)：289-309．

［87］ Eaton J，Mark G．1984． A theory of expropriation and deviations from perfect capital mobility［J］． Economic Journal，94(5)：16-40．

［88］ Fitzpatrick M．1983． The definition and assessment of political risk in international business：A review of the literature［J］． Academy of Management Review，8(2)：249-254．

［89］ Gabriel P P．1972． MNCs in the third world：Is conflict unavoidable［J］． Harvard Business Review，50(4)：93-102．

［90］ Gerald T W．1976． Overseas investment and political risk［J］． The International Executive ．18(1)：11-13．

［91］ Ghosh B N，Eric A L，2009． Macroeconomic vulnerability and investment risks in the Middle East and North Africa region［J］． International Economics，62(1)：1-39．

［92］ Hadjila K S，Iuliana M，Iuliana M．2010． Business climate，political risk and FDI in developing countries：Evidence from panel data ［J］． International Journal of Economics and Finance，2(5)：54-55．

［93］ Kennedy C R．1988． Political risk management：A portfolio planning model［J］．Business Horizons，31(6)：26-33．

［94］ Kent D，Miller，1992． A framework for integrated risk

management in international business［J］. Journal of International Business Studies，23(2)：311-331.

［95］Kim T，1993. International Money and Banking［M］. London ：Routledge.

［96］Kobrin S J，1979. Political risk：A review and reconsideration ［J］. Journal of International Business Studies，10(1)：67-80.

［97］Kolstad I，Wilg A，2012. What determines Chinese outward FDI? ［J］. Journal of World Business，47(1)：26-34

［98］Krifa-Schneider H，Matei I ，2010. Business climate，political risk and FDI in developing countries：Evidence from panel data［J］. International Journal of Economic and Finance，2(5)：54-65.

［99］Lall S，1995. Industrial strategy and policies on foreign direct investment in east Asia［J］. Transnational Corporations，2(2)：34-51.

［100］Marcet A，Marimon R，1992. Communication，commitment，and growth［J］. Journal Economic Theory，58 (2)：219-249.

［101］Matsuyama K，1991. Increasing returns，industrialization and indeterminacy of equilibrium［J］. Quarterly Journal of Economics，106 (2)：617-650.

［102］Meldrum D H，2000. Country risk and foreign direct investment ［J］. Business Economics，35(1)：33-40.

［103］Miller K D，1992. A framework for integrated risk management in international business［J］. Journal of International Business Studies，23(2)：311-331.

［104］Nagy P J，1979. Country Risk：How to Assess，Quantify，and Monitor It［M］. London：Euromoney Publications.

［105］Overesch M，Wamser G，2009. Who cares about corporate taxation? Asymmetric tax effects on outbound FDI［J］. World Economy，32(12)：1657-1684.

［106］Overesh M，Wamser G，2010. The effects of company taxation in EU accession countries on German FDI［J］. Economics of

Transition.18(3):429-457.

[107] Ramasamy B, Yeung M, Laforet S.2010. China's ourtward foreign direct investment:Location choice and firm ownership[J]. Journal of World Business.47(1):17-25.

[108] Ramcharran H.1999. Foreign direct investment and country risk: Further empirical evidence[J]. Global Economic Review.28(3):49-59.

[109] Robert E, Lucas J, 1990. Why doesn't capital flow from rich to poor countries[J]. The American Economic Review, 80 (2):92-96.

[110] Robinson R D.1964. International business policy [J]. The International Executive ,6(2):1-5.

[111] Robock S.1971. Political risk: Identification and assessment [J]. Columbia Journal of World Business.6(4):6-20.

[112] Root F R.1968. The expropriation experience of American companies: What happened to Companies[J]. Business Horizons.11 (2):69-74.

[113] Schmidt K M, 2002. The political economy of mass privatization and the risk of expropriation[J]. European Economic Review.44 (3):393-421.

[114] Shin Y, Yu B, Greenwood M.2014. Modelling asymmetric cointegration and dynamic multipliers in a nonlinear ARDL framework [J]. Festchrift in Honor of Peter Schmidt.16(9):281-314.

[115] Singh H, Jun K.1995. Some new evidence on determinants of foreign direct investment in developing countries[Z]. Policy Research Working Paper Series.

[116] Stefan H, Robock, 1971. Political risk identification and assessment[J]. Columbia Journal of World Business.6(4):7.

[117] Thomas J, Worrall T, 1994. Foreign direct investment and the risk of expropriation[J]. Review of Economics Studies.61 (5):81-108 .

[118] Ting W, 1988. Multinational risk assessment and management: Strategies for investment and marketing decisions[J]. The International Executive,1988,30(2-3):31-33.

[119] Wernerfelt B, 1984. A Resource-based view of the firm[J]. Strategic Management Journal, 5(2): 171-180.

[120] Willett A H, 1951. The Economic Theory of Risk and Insurance[M]. Pennsylvania :University of Pennsylvania Press.

[121] Williams M L, 1975. The extent and significance of the nationalization of foreign-owned assets in developing countries,1956-1972[J]. Oxford Economics Papers,27 (2):260-273.

[122] Yothin J,2007. Foreign direct investment and macroeconomic risk[J]. Journal of Comparative Economics,35 (5):509-519.